SER DIRECTIVO

UN VIAJE HACIA UNA DIRECCIÓN DE EMPRESAS CON SENTIDO

Julián Gutiérrez Conde

KOLIMA BOOKS

Categoría: Empresa | Colección: Liderazgo con valores

Título original: *Ser directivo. Un viaje hacia una dirección de empresas con sentido*

Primera edición: Noviembre 2018
© 2018 Editorial Kolima, Madrid
www.editorialkolima.com

Autor: Julián Gutiérrez Conde
Dirección editorial: Marta Prieto Asirón
Maquetación de cubierta: Sergio Santos Palmero
Maquetación: Carolina Hernández Alarcón
Colaboradores: José M. Serrano M. y David M. González de Vega B.
Fotografía cubierta: @Shutterstock

ISBN: 978-84-17566-11-1
Depósito legal: M-33681-2018

Índice

Prólogo

Conozco a Julián desde hace ya varios años, muy seguramente por ese espíritu inquieto e inconformista que lo ha traído una y otra vez a Hispanoamérica y a donde no duda en volver cada vez que tiene oportunidad.

En este apasionante libro, escrito casi a modo de biografía, Julián nos va desgranando su personalidad, su tránsito por la vida laboral, y a través de la experiencia adquirida nos da consejos prácticos para la dirección de personas.

Ante todo se enorgullece de ese entorno rural en el que se crió, de sus paseos por el campo, del contacto con la naturaleza, de esa sabiduría popular que tanto lo ayudaría a lo largo de su vida profesional. Comparto con él ese mismo orgullo y los principios y valores de la gente humilde y honesta del medio rural.

Julián destaca en su libro cómo la observación de los mayores es una magnífica fuente de aprendizaje. En mi caso, mi padre (fallecido en septiembre del 2015) me ha inspirado a todo lo largo de mi vida. Al leer el libro no he podido dejar de pensar en él y en las similitudes que ambos tienen: vidas marcadas por la rectitud, la honestidad, la integridad y el esfuerzo, personas de principios éticos y valores morales que siempre han respetado. La buena estrella de ambos les permitieron conocerse en un verano del año 2013.

Además de conocer el transitar de la vida laboral de Julián, de cómo se puede pasar de ser un directivo a ser un mentor práctico, el libro nos deja profundas reflexiones sobre cómo liderar equipos y organizaciones.

En un mundo tan competitivo como el actual, poner el humanismo como eje central de una organización no es sencillo, pero sin lugar a dudas las personas son el activo más preciado de una organización. Palabras como amabilidad, calidez en el trato, respeto y escuchar atentamente nos introducen a pensar en líderes más humanos y organizaciones donde la confianza debe de ser el motor de las organizaciones. Dirigir con base en criterios y valores, más que con normas y procedimientos, nos ayudará a tener comportamientos más honestos.

Quiero agradecerle a Julián y a su buena estrella que me haya invitado a participar en su proyecto con la redacción del prólogo de este libro y quedarme con una última reflexión: el de directivo es un trabajo fascinante, una creación personal; depende de tu espíritu y de la forma en que lo afrontas. Estoy seguro de que Julián ha hecho de su vida un trabajo apasionante.

Lucio Rubio Díaz
Director general de Enel Colombia

PARTE I.
EXPERIENCIAS
Capítulo I. Forjar el carácter

Nací en una familia modesta y soy el mayor de tres hermanos. Vivíamos en un barrio de expansión de la gran ciudad donde el hábitat más común estaba formado por parejas jóvenes que iniciaban su convivencia con el deseo y la ilusión de construir un hogar y llenarlo de hijos a los que entregarse y con los que prosperar.

No teníamos ni aire acondicionado en los calurosos veranos ni calefacción, más allá de una cocina de carbón y el apoyo esporádico de alguna estufa de gas o eléctrica que se administraba con prudencia porque la economía era ajustada.

Aquella moderación necesaria para llegar a fin de mes nos enseñó a ser equilibrados en el gasto, a valorar lo que teníamos y a administrarlo con prudencia. Ni el derroche ni el lujo eran en modo alguno accesibles y ni siquiera imaginables. Todo se aprovechaba hasta el final y se usaba con moderación. Lo que se poseía se cuidaba en extremo.

> El hábito de la moderación es un buen soporte
> sobre el que construir una vida, incluso en los
> momentos en que esta te sonríe.

Sin embargo, jamás faltaron en mi casa ni el calor de hogar ni la alegría. En eso teníamos una profunda riqueza que emanaba del interior. La abundancia no tiene relación directa con la alegría. A veces aquella produce hasta más insatisfacción.

La felicidad no es incompatible ni con el trabajo intenso ni con la escasez.

Ni la televisión ni los frigoríficos eran de uso común, y mucho menos los lavavajillas. Solo unas burdas neveras y lavadoras ayudaban a las tareas del hogar, así que las labores caseras eran numerosas e incómodas. Muchas familias reunían también en aquellos pisos de medianas dimensiones a los abuelos, por lo que la convivencia humana era muy estrecha.

La radio era la más fiel y casi permanente compañera en el hogar, y también eran frecuentes las conversaciones en torno a la mesa del comedor o de la cocina, que era mucho más cálida.

Aún recuerdo aquellas charlas entre mis queridos abuelos, mis padres y mis hermanos. Creo que personalmente fue allí donde comencé a aprender a observar, escuchar, respetar y dialogar.

Observar a mis mayores fue una magnifica fuente de aprendizaje.

Mi familia era humilde pero culta y mi padre con cierta frecuencia solía preguntarme por el significado de alguna palabra, y si no lo sabía explicar, incluso sabiéndolo, me mandaba coger el diccionario de tres volúmenes y leer en voz alta. Así aprendí también la importancia que tiene el manejo, con precisión y amplitud, del lenguaje, para saber expresarse con la sofisticación de matices que resulta tan importante en la vida.

Si bien la ciudad tenía ciertas reminiscencias de la vida rural, las similitudes no se producían de modo alguno en sentido contrario. En el pueblo norteño, origen de mi familia y donde aún vivía parte de ella, las cosas eran completamente diferentes. Ni la vestimenta, ni las costumbres, ni los modos de comportamiento, ni los tipos de trabajo, ni las viviendas se parecían en nada a los de la ciudad. Allí todo era más genuino. La vida tradicional en la montaña era más dura y más simple. Muy pronto se metió en mi corazón.

Como muchas personas que vivían en la ciudad, estaban recién llegadas del campo, traían consigo sus costumbres y tradiciones, lo cual daba a la villa, por una parte un ambiente diverso, y por otra una sensación de choque entre lo urbano, más moderno, y lo callejero, más rústico, donde jugueteábamos los chiquillos.

No es que la ciudad de entonces tuviese demasiadas restricciones, pero el campo no tenía limitaciones ni tampoco circulaban coches por él. Me encantaba pasear por los prados abiertos con las manos en los bolsillos y silbando alguna canción. Allí todo funcionaba con tracción animal, salvo alguna esporádica bicicleta, y esos animales eran fieles aliados del hombre porque juntos compartían el trabajo. Se entendían entre ellos con una especie de lenguaje especial.

Se comía de lo que se producía, y si existía excedente de algo, patatas, maíz, alubias, tomates, avellanas, nueces, manzanas, castañas, remolacha o cualquier otra cosa, se intercambiaba con amigos, parientes, vecinos, carreteros, tratantes o negociantes en una economía que en buena parte era de trueque. Todo se aprovechaba, si no para hoy quizá para mañana, desde un clavo roído hasta un pedazo de cuero de lo que un día fue un cinturón. Aquellas gentes tenían desarrolladas unas admirables destrezas para con poco conseguir logros o resolver situaciones inimaginables. Lo mismo recolocaban una pequeña puerta desencajada que hacían un artilugio para incrementar la capacidad de transporte de un carromato. Me parecían increíbles todas aquellas habilidades artesanales y la naturalidad e ingenio con que las manejaban. Aprendí a admirar lo simple y sencillo más que lo superfluo y eso se grabaría en mi carácter.

> Prever para el futuro siempre es una
> buena decisión.

En el campo la inmensa mayoría trabajaba para sí misma y sus familias. Las personas vivían para ganarse la vida y muy pocos eran asalariados de alguna empresa o negocio. Era un modelo de vida mucho más próximo a los orígenes. Estoy seguro de que en muchas de las formas de hacer de entonces, donde aún se usaban arados romanos, las cosas permanecían como en los tiempos más ancestrales de la Humanidad. Y aquello me daba mucho que pensar. Había un ingenio natural que me gustaba conocer y llamaba profundamente mi atención. Las labores artesanas especialmente.

....

Hay modos de ganarse la vida distintos a
una remuneración salarial.

....

Todos sabían que eran humildes, pero eso no les hacía sentirse avergonzados. Incluso se ensalzaba y elogiaba la labor del modesto campesino. Ellos tenían «otros conocimientos» que versaban sobre el aprovechamiento de las tierras, de los bosques, de los árboles, de los cultivos, de los frutales, de los animales de trabajo y de los de granja, de la matanza, de la siega y de otras infinitas tareas. Incluso de la cocina casera. Sabían detectar el tiempo atmosférico y escoger los mejores modos y momentos para conseguir los mayores rendimientos.

Entre las gentes del campo no existía prácticamente nivel de estudios, por lo que se refiere a lo que se considera ciencia o se ha valorado como conocimiento. Algunos incluso eran analfabetos; es decir no sabían leer ni escribir, porque la vida les había negado la oportunidad de ir a la escuela al tener que, desde la niñez, ayudar con su trabajo a sus padres.

Sin embargo percibí en ellos una valiosa inteligencia natural y un sentido de la cordura y de la sensatez dignos de elogio. Y es que cuando se es humilde y se depende de la naturaleza el sentido común es una virtud imprescindible que te hace llegar lejos. Además, la gran mayoría de aquellas personas sabían perfectamente lo que era la buena educación. Podían ser rudos y humildes pero eran educados y honestos; es decir, distinguían perfectamente entre el bien y el mal; corregían a los chiquillos, propios o ajenos, cuando actuábamos de forma inapropiada o faltábamos al respeto. Es cierto que muchos eran rudos porque su entorno así los había hecho, pero tenían el sentido común del aldeano que ha sufrido muchos avatares.

....

La sensatez se encuentra más fácilmente
en lo más básico.

....

Así la mayor parte de los chiquillos aprendíamos rápido que una cosa es el conocimiento y otra bien distinta el comportamiento, y que una buena educación no solo consiste en aprender y adquirir conocimientos sino en construir un carácter valioso, lo cual es imprescindible para la vida. No se nos explicaba de ese modo conceptual pero recibíamos signos de ello que se iban asentando en nuestro interior.

Me gustaba contemplar las labores del campo, aprender algunas y observar la maestría de aquellas personas para resolver situaciones imprevistas. Igual arreglaban un roto que un descosido y su destreza para la artesanía llamaba enormemente mi atención. Además todo lo resolvían con productos naturales aprovechando lo básico y elemental de que disponían. De ese modo hacían hasta clavos de madera y sus soluciones estaban pensadas para durar.

Esa destreza del campo se me grabó en el interior y siempre he admirado y respetado profundamente a las gentes humildes pero prudentes y honestas. Me han parecido uno de los mejores ejemplos a seguir.

....

Es importante aprender a admirar las destrezas de
las personas humildes.

....

Otra cosa que me sorprendía de aquel entorno era el aprovechamiento del tiempo. En primer lugar no se paraba nunca de hacer cosas. En primavera y verano, más volcados hacia el exterior; en otoño recogiendo y apilando alimentos para pasar el crudo invierno; y en este último tiempo reparando y acomodando el interior. Si por aquel entonces el sentido del ocio era poco conocido en el mundo urbano, en aquel mundo rural era absolutamente desconocido. Se reducía a poco más que unos chatos con los vecinos o a una partida de bolos. Pero entretenimientos no faltaban. De ese modo mezclaban diversión y trabajo bajo un solo concepto. Únicamente ya con la oscuridad y para soportar mejor el frío, las sentadas en torno a la chimenea donde se consumían recios troncos recogidos del monte y aserrados o cortados con hacha a tamaño adecuado, acogían el descanso.

> Más que buscar un trabajo que te guste, aprende a obtener satisfacción con el que desarrollas.

Al no haber luz eléctrica, con la aurora comenzaba el día para aprovechar la luz natural y se terminaba con el declive del sol.

Por otra parte, el ritmo de actividad no era estridente pero sí persistente. Y ese método altamente eficaz lo empleaban tanto para caminar por el monte, donde lo más práctico era mantener un ritmo mejor que llevar prisas que no conducen a ninguna parte, como para cualquier trabajo. Eran muy habilidosos para poner las tareas en cola calculando el tiempo que les podían llevar y no acometer la siguiente hasta no haber terminado la anterior. Desde bien niños los críos observaban a los mayores recibiendo sus enseñanzas y tradiciones que venían muy de antaño.

Esas lecciones me han sido muy útiles en mi vida, tanto para la práctica del montañismo o la travesía de largas distancias, como para ordenar mis quehaceres y conseguir llevar a cabo mis propósitos. Esas gentes tenían ese método aprendido de sus antecesores y lo aplicaban de forma natural, lo cual les hacía muy diestros en la persistencia y la consistencia de su trabajo. Eran una disciplina y un rigor naturales en ellos. En el ejercicio profesional muchos años después recordaría y echaría mano de aquella enseñanza. En ella se asentaba su temple. Necesariamente se veían obligados a usar herramientas, útiles y materiales rudimentarios, pero tenían a la vez un enorme empeño por las cosas bien hechas.

Por supuesto existían zánganos y gañanes, pero de ellos se decía que así nunca llegarían a convertirse en personas de provecho, como así era.

Aunque, como ya he dicho, el domicilio de mi familia estaba en la ciudad, aquella combinación entre lo urbano y lo rural me fue realmente provechosa. Esa mezcla me abrió la mente; me enseñó, no solo que existían diferentes formas de vida, sino que además pude participar e integrarme en ellas.

Debo reconocer que en aquel momento yo no tenía conciencia de la oportunidad para aprender que aquello significaba porque me faltaba perspectiva. Ha sido cuando fui aprendiendo a usar las luces de larga distancia cuando, y visto desde hoy, comprendí que aquello fue impregnando no solo mi mente sino también mi carácter.

> Para dirigir hay que sostener la vista en el horizonte.

Durante los años de niñez, además del entorno familiar mi siguiente ámbito de influencia fue el colegio.

Aquel, no solo era una institución destinada a la educación y formación, sino que abrió mi mundo al nuevo entorno que conformaban los compañeros que tuve la oportunidad de conocer y con los que conviví.

Reconozco que no acogí con ningún entusiasmo mi entrada al colegio. Aquel bautizo a la vida real con los madrugones y las obligaciones no tenía nada que ver con el mundo idílico de hijo único que había vivido hasta ese momento. La llegada del primero de mis hermanos rompió mi calma y exclusividad y aquella especie de destierro al colegio me produjo un sentimiento de rechazo en mi mente de niño de cuatro años.

Introvertido, como siempre he sido, me costó primero entender y luego incorporarme a la disciplina colegial y a las relaciones con otros niños. No podía imaginar que con el paso de los años aquel ambiente sería uno de los más entrañables y felices con los que he convivido. Pero tuve que entender y superar muchos obstáculos y barreras que estaban dentro de mí.

> A veces nosotros mismos somos nuestro mayor límite.

Las actividades de deporte, montañismo, música etc., de compromiso social y campamentos fueran instrumentos que me resultaron inmensamente útiles para facilitar la construcción de relaciones. Y siempre con la confianza de que detrás de todo ese mundo exterior se encontraba mi familia y todo su cariño.

Descubrí que el compañerismo surge, bien por tener enfrente una situación común desagradable difícil de superar, o bien un proyecto capaz de activar nuestro entusiasmo.

Para mí no era nada difícil tener ideas novedosas ni encontrar al modo de implantarlas. La imaginación y la eficacia comenzaron a surgir en mí de forma natural. Y cuando me comprometía con algo, la seriedad, la persistencia y el trabajo intenso me resultaban fáciles de entregar. El «si quieres puedes» apareció en mi comportamiento. También es cierto que empecé a descubrir que aquello que me aburría me producía rechazo, así que tuve que esforzarme por ser imaginativo para hacer llevadero y descubrir el interés de aquello que me resultaba un auténtico plomo.

> Si activas tu ilusión comprobarás cómo se multiplica tu rendimiento.

Es como si aquello aprendido de las gentes del pueblo de incorporar el trabajo de forma natural a lo cotidiano se me hubiera contagiado. Y aprendí a apasionarme con lo que hacía y a divertirme con ello.

Quizá por esto no llegué nunca a comprender la razón por la que en aquella institución a la que íbamos todos a aprender, había algunos profesores –y también alumnos– que se empeñaban en crear una sensación de alta tensión. Me parecía una torpeza innecesaria y una forma ridícula de comportarse que no producía resultados satisfactorios sino angustia improductiva.

> Aprende a evitar conflictos innecesarios que te desgastan.

Con los compañeros que creaban esas situaciones —fundamentalmente por su ánimo de abusar del resto y especialmente de los más débiles— tuve algún serio enfrentamiento. Nunca los rechacé como personas y solía conversar con ellos, pero mantenía un margen mínimo de tolerancia ante sus amenazas, presiones y hasta agresiones. Alguna desagradable pelea y uno que otro tortazo me costó, pero aprendí que si no pones límites llega un momento en que las situaciones se hacen insostenibles y acaban creando situaciones dramáticas.

> No hace falta crear conflictos de alta intensidad para establecer los límites de lo no aceptable.

Cuando era algún profesor —excepcional, eso sí— el que creaba esa situación de tensión por emplear formas inadecuadas para tratar de conseguir el nivel de esfuerzo y exigencia de su asignatura, lo que pude comprobar es que el grupo reaccionaba uniéndose y estrechando lazos de forma espontánea y generalizada para tratar de encontrar el mejor modo de capear el temporal. Nos dábamos cobijo unos a otros para en lo posible ser capaces de superar aquella situación. Esa era una de las formas de manifestación de la solidaridad entre las personas que luego verificaría muchas más veces durante mi vida profesional. Es una de las clases de movimiento humano que en ocasiones no se manifiesta de forma explícita sino subterránea pero que hay que saber percibir y tratar. A veces las fuerzas más poderosas no se expresan abiertamente, pero eso no quiere decir que no existan. Solo es que están latentes o adormecidas.

Era muy diferente a lo que sucedía cuando los «matones» eran tus compañeros. Lograban reunir tras ellos a toda una corte de chivatos, aduladores y serviles que, por miedo o por bajeza, les reían las gracias y ensalzaban su ego. Y había también chavales acomplejados, llenos de fobias y hasta odio hacia los demás que demostraban su frustración personal con agresividad.

Durante todos aquellos años de mi infancia y juventud hubo una práctica familiar que se convirtió en costumbre y que resultó ser una de las cosas que de forma inconsciente más benéfica resultó para mi formación. El hecho de ser el primogénito y de que me separasen casi cuatro años de mi segundo hermano y más de siete del siguiente hizo que acompañase en muchas ocasiones a mi padre durante sus frecuentes viajes.

> La familia es la fuente más sólida para aprender principios y valores.

Muchas de aquellas situaciones se guardan de forma imborrable en mi alma. De entre todos aquellos acontecimientos hay una anécdota muy especial que no me resisto a escribir con detalle por la trascendencia que tuvo y la huella que dejó en mí para siempre. Más adelante lo relataré.

Capítulo 2. Las oportunidades que nos dan las personas

Aquella etapa de mi vida resultó ser de exploración sin saberlo. Después de la separación del seno materno, quizá mi momento más chocante fue el del abandono de la niñez para encontrarme conmigo mismo. En mi caso sentí como si me desdoblara internamente. Una parte de mí me empujaba a volar y dejar la dependencia familiar mientras que la otra parecía negarse a acogerme a mí mismo, fundamentalmente porque no sabía hacia dónde quería dirigirme. La adolescencia fue un viaje por terreno de nadie, acompañado por una incómoda sensación de entre abandono y rechazo.

Afortunadamente la paciencia y la confianza en la vida aprendidas en el campo me hicieron comprender que aquella era una etapa de paso obligatorio y me evitó hacer movimientos estridentes.

Probablemente fue un aventurero proceso de descubrimiento sin tener conciencia del mismo como tal. Más bien lo fue de desvalorización de mí mismo. Era la sensación de caminar sobre un alambre inestable que no sabía hacia dónde me empujaba.

Cuando, titubeante con los estudios y cursando tercero de bachillerato, repentinamente mi rendimiento se vino abajo, sentí que no valía para superar aquella cuesta en la que las Matemáticas y la Física aparecieron como barreras insuperables. A Dios gracias, un magnífico profesor, a quien guardaré reconocimiento de por vida, se fijó en mí, me escuchó y me dijo: «¡Tú puedes, ya lo verás!». Se puso a mi lado y me demostró que yo era capaz. Me devolvió la autoestima y activó mi regeneración. Jamás he olvidado esa lección ni dejado de admirar su comportamiento de auténtico maestro.

Como tantas veces en la vida creo que él mismo no fue consciente del valor de lo que estaba consiguiendo conmigo. Su aportación fue mucho más que enseñarme y adiestrarme en aquellas ciencias. Me devolvió la auto-estima.

Muchos de mis amigos empezaban a tener clara la orientación profesional que más les gustaba: Medicina, Ingeniería, Magisterio, Filosofía, Historia, Derecho, Arquitectura, etc. Y mientras tanto yo seguía flotando en un mar de desconcierto e indecisiones.

La casualidad hizo que un antiguo alumno del colegio nos diera allí una charla y comentara que existía la profesión de Dirección y Administración de Empresas. Y ese día salí de allí pensativo e ilusionado. Ese día se fijó para mí un rumbo.

Como ya he contado, en aquella época mi grupo de amigos más próximos y yo procurábamos en lo que nos era posible desarrollar algunas labores sociales con personas en situaciones difíciles en hospitales, zonas marginales, etc. Hacíamos aquellas actividades con alegría y sin más intención que la de contribuir y ayudar. Solo podíamos tratar de llevar una sonrisa y algo de distracción.

Cuando comencé a contar entre mis amigos que estaba decantándome por los estudios de Dirección de Empresas, muchos se sorprendieron y en algunos noté incluso que pensaban que estaba dando la espalda a mi «compromiso social». Ninguno llegó a expresármelo abiertamente, pero percibí claramente sus opiniones.

Comprendo que era mucho más fácil de entender la vocación de médico, la de enfermera o la de maestro, por ser más contributivas y sociales, pero nunca entendí que otras se consideraran excluidas.

> Quienes contribuyen o no son las personas y no las profesiones.

Medité bastante sobre aquellas cuestiones; quizá fue una de las primeras ocasiones de mi vida en que me sentí impulsado a caminar contra la corriente habitual, y aunque debo confesar que al principio eso me desconcertó, acabé estando orgulloso de esa actitud.

En primer lugar, comprendí que una profesión estrechamente vinculada a la economía y la empresa no era incompatible con el hecho de continuar llevando a cabo proyectos sociales a título individual; pero además descubrí que, para resolver los problemas de la miseria, la solución no era expropiar la riqueza y repartirla, porque eso era una «acción agotable» creadora de problemas más graves a largo plazo. La clave era actuar inteligentemente sobre los motores de la economía y de la empresa para hacerlos más generadores de riqueza y al tiempo más distributivos y más responsables socialmente.

> La empresa tiene para mí una ineludible función social de alto impacto.

Aquel simple pensamiento inicial, que reconozco que entonces no sabía explicar bien ni era demasiado comprendido ni quizá creído o aceptado, sin embargo se fue convirtiendo en un credo para mí. Y con esa convicción afronté mis nuevos estudios universitarios de Dirección de Empresas que complementé con los de leyes para tener una visión más completa de la sociedad, de la justicia y de las humanidades, que me parecía esencial.

No me resisto a relatar una anécdota que viví junto a mi padre durante mi adolescencia. Para ponerla en antecedentes diré que en aquel entonces él ocupaba un cargo ejecutivo en la dirección comercial del primer banco en tamaño y prestigio del país. Siempre ha sido un hombre extraordinariamente trabajador y viajaba con frecuencia para visitar «*in situ*» y conocer directamente las sucursales y los negocios con los que mantenían relaciones. En algunas ocasiones tuve el placer de acompañarlo, lo cual era una excelente oportunidad para conversar juntos. Aunque lógicamente no me implicaba en su trabajo, era inevitable que en algunas ocasiones asistiera a conversaciones, formales o informales, con algunos de sus colaboradores.

Yo sabía que mi función entonces era la de «ver, oír y callar», pero como los adolescentes de entonces no sabíamos aburrirnos, aquellos silencios y escuchas de conversaciones de negocios me hicieron aprender muchas cosas y conocer los comportamientos de muchas personas. El adolescente es como una esponja dispuesta a dejarse empapar por todo tipo de percepciones, así que recibí algunas de las mejores lecciones para la vida.

En una ocasión viajábamos de vacaciones por La Montaña, donde nació mi padre, y el director de una de las principales oficinas de aquella provincia lo llamó porque necesitaba verlo. Le comentó que una persona, de destacada familia y cliente del banco, quería exponerle un asunto personalmente porque tenía en la cabeza hacer unos negocios para los que precisaba un crédito y le gustaría presentárselos directamente. Además, aquella persona era de edad aproximada a la de mi padre y hasta habían sido compañeros de colegio en su infancia. Mi padre, hombre abierto y cercano, aceptó gustoso y quedaron en tomar café en el propio hotel donde nos alojábamos.

Recuerdo que, dadas las circunstancias, asistí a aquella reunión de carácter informal y la conversación se ha quedado grabada en mi memoria. Se saludaron con alegría como compañeros que hacía tiempo no se veían, aunque los dos sabían del otro a través de contactos comunes, y comentaron entre risas, anécdotas y chiquilladas de antaño.

El recién llegado le explicó a mi padre que quería hacer unos negocios con unas tierras que deseaba adquirir de una familia a la que ambos conocían.

—Bueno —dijo mi padre—, no creo que haya demasiado problema dada la solvencia de tu familia y que supongo que dispondremos de avales.

—Por supuesto, por supuesto —comentó él—; en eso no habrá problema alguno. Pero quisiera pedirte un favor especial. Mira, es que la familia vendedora está pasando unos malos momentos económicamente y como tienen unos créditos con vosotros pendientes de vencer he pensado que, si dierais orden de que se les exigiera la devolución con premura, pues se verían obligados a vender con agobio y eso reduciría drásticamente el precio de los terrenos. De este modo vosotros recuperaríais los importes de esos créditos y yo me subrogaría en ellos con los avales de mi familia a la que bien conoces.

—¡Mmmm! —expresó mi padre en uno de sus característicos sonidos guturales—. ¿Lo que me estás pidiendo, si te entiendo bien, es que fuerce el vencimiento de los préstamos de esa familia, que ambos conocemos desde niños y que está económicamente en apuros, para que te venda más baratos los terrenos?

—¡Bueno, ya sabes! —murmuró el interlocutor algo azorado.

El director de la oficina bancaria, que también asistía a la reunión, intervino para desviar la conversación por un rumbo tangencial explicando:

–¡Y por supuesto tendríamos el aval y la garantía de tu familia! ¿verdad?

–Bueno –dijo mi padre–. Pues tratándose de ti si te parece me quedo un momento con el director y te daremos la decisión de forma inmediata para que no tengas que esperar.

Se despidieron y mi padre le pidió a su colaborador y director de aquella oficina:

–¿Tienes ahí los papeles de solicitud de esta operación?

–¡Oh!, por supuesto –respondió con prontitud extendiéndoselos a la firma–. Y aquí están preparados los documentos de exigencia de aval a su familia.

–Bien, déjamelos, por favor–. Mi padre los tomó en sus manos, los extendió en la mesa y escribió con letra de imprenta bien visible y clara: ¡DENEGADO POR INSOLVENCIA MORAL!, y firmó debajo devolviéndoselos al director, que al recibirlos se quedó tan estupefacto como mudo. Así acabó aquella reunión.

Cuando volvíamos juntos, mi padre me preguntó si había entendido aquel asunto y mi opinión sobre aquello que había vivido. Le dije que no me gustó el comportamiento de aquella persona de presionar indebidamente y por medios externos a quienes pasan por dificultades para obtener un beneficio. Y alabé su forma de hacer.

–Mira hijo –me dijo–, hay algo que debes aprender. Un dirigente que quiera ser respetado y gozar de autoridad y solvencia jamás puede doblegarse a perder su integridad ni consentir que su equipo la pierda porque esa es una riqueza que viaja con nosotros durante toda la vida y que trasciende a uno mismo. Tu conciencia contamina tu entorno. Si tú actúas de mala fe, tus colaboradores, ni sabrán ponerse límite ni tú tendrás fuerza moral para exigirles rectitud. En algún momento actuarán de igual forma contigo y toda la confianza de un equipo se desvanecerá.

No recuerdo haber recibido mejor consejo ni lección en mis años de universidad. Tampoco sé si después mi padre mantuvo alguna conversación privada con su colaborador o se limitó a dejar las cosas de aquella manera para que él extrajera sus propias conclusiones.

Hubo otra cosa que aprendí en todos aquellos años y fue admirar a las gentes de todo rango y a saber ser feliz en todas las situaciones, tanto las de abundancia como las de modestia o escasez, pero sobre todo en estas últimas, porque para saber ser feliz en estas circunstancias hay que tener mucha más madurez y fuerza interior. Se gana más empleando el tiempo en buscar personas a las que admirar que aquellas de las que desconfiar. Las personas nos alimentamos de energías positivas y decaemos cuando dejamos que las negativas invadan nuestras sensaciones y pensamientos.

> Hay muchas oportunidades para admirar a quienes nos rodean. Tener mayor rango no puede ser un obstáculo para aprovecharlas.

Si quieres ver a Julián hablando sobre la importancia de escuchar a las personas que realizan los trabajos más básicos en la organización puedes hacerlo con ayuda de este bidi:

Capítulo 3. Un trabajo de larga distancia

Mi incorporación a la vida universitaria me demostró lo diferente que puede ser la cultura de las organizaciones, aunque sus objetivos sean los mismos. Mi colegio había sabido crear entre nosotros un espíritu de compañerismo, de dar importancia a la construcción de equipos y de responsabilidad social, todo lo cual en el nuevo ambiente era desconocido. Aquí todo era mucho más frío e impersonal. Ni los profesores ni los directivos de la institución desarrollaban su trabajo con la implicación de un líder. Se conformaban con hacer su trabajo de enseñar conocimientos. Tuve la sensación de empezar de cero. El prestigio que había conseguido en el colegio ahí no contaba para nada; era un capital que cada uno llevaba consigo pero que lógicamente era desconocido para los demás. Había que volver a observar, a escoger compañeros y, en lo posible, a hacer nuevas amistades. ¡Otra vez tendría que abandonar el confort y superar mi timidez! Casi me preocupaba más eso que superar todos aquellos volúmenes de libros que debería aprender para corresponder a mis padres como se merecían por el esfuerzo económico que hacían al pagar los altos costes de aquellos estudios en una escuela universitaria de negocios de élite.

....

Corresponder con responsabilidad es una
excelente compensación. La familia no debe ser
algo gratuito sino un grupo humano que hay que
cuidar y retroalimentar.

....

Estudiar en la escuela de mayor prestigio y hacer al mismo tiempo dos carreras, la de Derecho y la de Dirección y Administración de Empresas, fue una tarea dura que me exigió un gran esfuerzo y muchas horas de estudio con pocas de sueño. Allí conocí mentes brillantes tanto en mis profesores como en mis compañeros, algunos de los cuales –por no decir bastantes– han desarrollado prestigiosas carreras profesionales. La responsabilidad me ocupaba mucho tiempo.

Pero aquello me hizo construir un carácter disciplinado y fuerte, capaz de afrontar retos de larga distancia y saber dosificar y seleccionar esfuerzos. A cambio viví poco esa «vida disipada y algo loca» que se atribuye a los estudiantes como grupo privilegiado.

....

Dirigir es un trabajo de larga distancia en el
que disciplina y persistencia son cualidades
imprescindibles.

....

La presión por aprobar nos hizo bastante individualistas y eso no iba con mi carácter ni con mi forma de entender la vida. Es cierto que a partir del segundo año, y al tener que acometer trabajos en grupo, hice buenos y entrañables amigos, pero no llegamos a conseguir la atmósfera de equipo que había en mi colegio, al que tanto eché de menos. Aquel modelo de frialdad fue un error. Hubiéramos obtenido mayores beneficios todos de haber conseguido crear un grupo más homogéneo y cooperador.

Según progresaba en mis años universitarios fui descubriendo, como preveía, que mi interés se decantaba más por el mundo de la empresa que por el del Derecho. Es cierto que obtuve algunas excelentes calificaciones –sobre todo en Derecho Penal porque lo veía más práctico–, pero la construcción y gestión de empresas era sin duda lo que más me atraía e interesaba con diferencia. Y no tanto por el hecho de querer construir modelos organizativos capaces de generar dinero y riqueza, sino porque los comportamientos de las personas en el trabajo y la obtención de mayores metas y retos me parecían apasionantes. Yo creo que ya en segundo año de carrera tenía bien claro que el ejercicio del Derecho no iba a ser mi profesión, pese a que siempre he considerado que esa formación clásica me ayudó a tener una mejor construcción mental y a entender los procesos de progreso de la Humanidad mediante la creación de formas relacionales, que es lo que en definitiva son los ordenamientos jurídicos.

> La frialdad relacional no hace los equipos mejores.
> Las sensaciones y las intuiciones cabalgan siempre
> por delante de la razón.

Sin embargo, en el modelo de gestión de esa escuela universitaria presentía que había una asincronía respecto a los métodos de mayor rendimiento que estudiábamos en las asignaturas de Empresa. La organización humana más eficaz y eficiente que el ser humano ha creado es la empresa, y su modelo de gestión y liderazgo tenía un impacto sustancial y directo en el rendimiento que se obtenía. «¡Esa es la clave!», comenté con algunos de mis mejores amigos cuando descubrí ese «misterio». Me estaba involucrando en el gran problema de la empresa y de las organizaciones: el sistema de motivación para conseguir la mayor satisfacción de las personas y el mejor de los rendimientos empresariales.

Un día tuve claro que, con un modelo de gestión distinto y más proactivo en la escuela, todos podríamos obtener mejores resultados, más satisfacción e involucración en nuestro trabajo y mayor prestigio y vinculación también para la institución universitaria. Sin embargo, todavía me faltaban muchos datos del problema y muchas cosas por descubrir, que poco a poco irían llegando a mi mente.

> No saber fomentar las habilidades relacionales positivas para la construcción de equipos reduce también el rendimiento individual.

Si quieres oír a Julián hablando de la responsabilidad del directivo, puedes hacerlo con ayuda de este bidi:

Capítulo 4. Determinando mi valor

De forma casual —como tantas veces en la vida— apareció un día ante mí una oportunidad. Un amigo de la familia con el que estábamos cenando, se interesó por mis estudios y me dijo: «Yo soy director de una empresa; si en algún momento tienes interés por hacer prácticas, llámame y lo organizamos». Y me dio su tarjeta profesional, que fue la primera que recibía.

Debíamos estar en el mes de marzo, creo. Guardé con sumo cuidado aquella tarjeta y recordé aquel ofrecimiento.

Al terminar mis exámenes de junio del primer año de carrera tomé aquella tarjeta y consulté con mi padre, como tantas veces he hecho en mi vida, si le parecía oportuno que llamara a aquella persona para recordarle su ofrecimiento y si existía alguna oportunidad de poder aprovecharlo. A mis padres les pareció bien y no sin cierto rubor me decidí a llamar al día siguiente.

«Ven por aquí mañana y hablamos», me dijo. Esa noche me costó conciliar el sueño. ¿Qué me diría? ¿Cómo plantearle el asunto? ¿Qué sabía hacer? ¿Me valdrían mis estudios para algo? Pero pese a la inquietud había llegado hasta allí y me gustaba haberlo hecho. Aún no tenía conciencia de que yo era un buen «producto». Pero eso sería una de las enseñanzas que la vida me tenía reservada para el tramo siguiente.

Si el primer día que me presenté allí a interesarme por la oferta de prácticas fue de nervios porque no me consideraran un «caradura», el día en que ya debía comenzar a trabajar fue de aún mayores nervios. Al fin y al cabo, pensaba, ¿qué se hacer yo?

Todavía no había aprendido a valorar mi potencial ni mi valía. Si sabían moldearme y modelarme podrían llegar a obtener de mí un excelente rendimiento y resultado. Pero me habían educado en la modestia como virtud, la cual es preferible sin duda al descaro, pero sin que tampoco carcoma tu autoevaluación.

> Tu valor ante los demás no está solo en lo que sabes, ni siquiera en tus cualidades, sino en tu capacidad para satisfacer lo que el otro busca.

A mi llegada me explicaron que me integraría en el área financiero-administrativa, lo cual me pareció muy adecuado, dada la formación universitaria que estaba cursando. Me presentaron al que sería mi jefe y luego a mis compañeros. Todos me acogieron con afecto y, aunque notaba que nos observábamos mutuamente, no había suspicacias ni posiciones extrañas. Me encomendaron unas tareas sencillas que yo realizaba con infinita menos rapidez y precisión que cualquiera de mis otros compañeros, muchos de los cuales no tenían estudios superiores pero mostraban una destreza y agilidad envidiables.

Después de unos primeros días de aterrizaje y adiestramiento, empecé a preguntarme sobre el sentido de aquellas tareas. Se trabajaba con intensidad, se hacían un montón de documentos, se soportaban operaciones que remitían desde Comercial y se atendían problemas surgidos con clientes, bancos, proveedores, etc. Pero lo que me empezó a importar realmente fue para qué se hacía. ¿Cuál era el sentido de cada una de esas operaciones? ¿Dónde comenzaba y se cerraba el circuito? En definitiva, lo que estaba intentando averiguar sin saberlo era cuáles eran las claves de aquel próspero negocio.

Poco a poco fui conociendo a responsables y empleados de otras áreas como Logística, Almacén, Compras, Importaciones, Exportaciones, Comercial, Marketing, etc. y por supuesto Administración, Tesorería y demás labores administrativas.

> El primer jefe es determinante en la generación de valor de los empleados jóvenes.

En general, y aunque existían tensiones, había buen ambiente. Me di cuenta y aprendí que ni todas las tareas se remuneraban por igual, ni todas se incentivaban del mismo modo, y comprendí que aquellas que aportaban más y mejor negocio eran las que más se valoraban. Dicho de otro modo: se podía trabajar muchas horas y sin embargo la remuneración ser mucho menor. Y eso no dependía solo del grado de formación o conocimientos de las personas sino fundamentalmente de que las mismas realizaran una tarea más crítica y valiosa para el negocio. Además, ser difícilmente sustituible era otro de los criterios que se empleaban a la hora de remunerar a los profesionales. Y aprendí que para un negocio no bastaba con ser un experto ni un especialista; el saber se podía adquirir, se podían buscar y encontrar expertos, pero las relaciones eran una pieza clave complementaria a la visión. Destilar energía era un factor crítico.

También me di cuenta de que había procesos que creaban dificultades y reducían el rendimiento. Cosas que se hacían así porque así se habían hecho siempre y que modificarlas podía aportar considerables mejoras.

¿Cómo afectó eso a mi carrera académica? Pues me di cuenta de la enorme distancia que separaba la realidad de la teoría. Descubrí que algunos —o la mayoría— de mis mejores profesores, expertos conocedores de sus materias e incluso pedagogos, muy probablemente no estaban cualificados ni para ser buenos empresarios ni buenos directivos. El mundo de la praxis y el del conocimiento están unidos, pero hay que saber ligarlos. También me di cuenta de que era afortunado por tener la oportunidad de practicar y adquirir experiencia. No solo me permitía obtener unos pequeños ingresos sino reforzar mi currículo. En eso me distancié y diferencié de la mayoría de mis compañeros. Pero también produjo en mí una visión diferente, más pragmática, de aquello que estudiaba. Enseguida me di cuenta de que estaba más atraído por la práctica que por la teoría y por la empresa más que por el mundo del Derecho, si bien considero que la mezcla de ambos conocimientos da una perspectiva magnífica y permite desarrollar las habilidades necesarias para afrontar la vida. Desde luego ya en segundo de carrera tenía decidido que de ningún modo haría oposiciones como otros compañeros, que deseaban afrontar ese reto con ilusión.

La universidad debe acercar la praxis al conocimiento. Pero ambos están divorciados.

A lo largo de esos años de práctica pude pasar por diferentes departamentos, aunque el área financiero-administrativo-organizacional era lo que más me atraía. Sin embargo, aún no me había dado cuenta de que los números en sí mismos no tienen valor salvo que se conviertan en decisiones acertadas.

Capítulo 5. La ilusión y las buenas decisiones

En el verano de cuarto año de carrera y cuando ya me faltaba tan solo el quinto año, me incorporé al servicio militar universitario. Había pedido, como todos mis compañeros, prórrogas por estudios y llegó el momento de cumplir con mis deberes para con mi Patria, lo cual hice con sumo gusto. También allí tuve magníficas experiencias y aprendí mucho sobre el comportamiento de las personas, así como de la valía que la disciplina y el sacrificio aportan a la vida. Me encontré, además, por cómo estaba diseñado el concepto de incorporación de los universitarios, en contacto directo con otros que no tenían estudios, incluso algún analfabeto, pero su situación no les hizo perder valor ante mis ojos; por el contrario, aprendí mucho de algunos de ellos. En particular recuerdo a un chico que era cabrero en las serranías de Cádiz y a otro agricultor que vivía con sus padres muy mayores en las montañas de Huesca y todo su empeño era construir una casa para ellos, lo que estaba haciendo con sus propias manos durante el tiempo de que disponía. Fueron una lección para mí, que era un privilegiado con una vida acomodada.

Una vida; mi vida probablemente no constituía el logro total de mis objetivos, pues la perfección no me era posible aún.

En el servicio militar había rangos, buenos y malos jefes con independencia de su cargo, pero entre los que formábamos la tropa no había distinciones. La «mili» nos igualaba a todos y todos pasábamos juntos las penurias del esfuerzo y de tener que hacerse al frío, la lluvia, la nieve y las incomodidades de las guardias, la comida de rancho, etc. Luego, cuando al año siguiente hice las prácticas en la Academia Militar de Ingenieros, las cosas fueron aún más duras, pero eso forjó una solidaridad entre nosotros y un sentido de la camaradería y de ayudarnos unos a otros para hacernos más llevadera la experiencia. Cuando al año siguiente ya tuve rango afronté la responsabilidad de mandar en ciertos momentos a una Compañía formada por 320 soldados y once mulos que en algún momento me las hicieron pasar moradas.

Esta última etapa de prácticas la pude compaginar con mi trabajo, pues tuve la suerte de ser destinado a un pueblo cercano a Madrid, concretamente a la Academia de Ingenieros de Hoyo de Manzanares, y en algunos momentos libres podía atender mi trabajo.

En quinto año de carrera, tuve una oferta importante de un banco notable, tecnológicamente avanzado y centrado en un segmento de clientela básicamente empresarial y de particulares de élite. Fuimos doce candidatos de mi escuela a quienes se nos ofreció un puesto como comerciales en una de sus sucursales bancarias para luego desarrollar un plan de carrera. En aquellos momentos un puesto así significaba garantía de trabajo de por vida y un salario digno, además de la oportunidad de progresar. Yo estaba dispuesto a aceptar cuando, como tantas veces en la vida, se me cruzó otra oportunidad más arriesgada pero que me resultó, sin saber por qué, más atractiva. La intuición −que no ha dejado de darme buenos consejos− me hizo tomar otro rumbo. Esto lo he contado novelado en alguno de mis libros, concretamente en el de *Iniciadores de Negocios*, pero creo que viene a cuento que lo trascriba en parte aquí pues contiene para mí algunas lecciones que tal vez puedan ser de provecho para alguno de mis lectores, pues me vi envuelto en lo que hoy denominamos una «*start up story*» y es la historia de un re-lanzamiento.

> La ilusión debe formar parte esencial de las decisiones. Por contra, la desilusión no es buena consejera para adoptar decisiones positivas.

Capítulo 6. Una experiencia con magia

A veces, cuando alguien piensa en una *start-up* se imagina un milagro. Algo que solo acontece a genios o personas que casi no parecen de este mundo. A veces se imaginan situaciones extraordinarias alejadas de la vida cotidiana.

Yo quiero contarles mi experiencia personal. Quizá ayude a las mentes de muchos emprendedores y los anime en el emprendimiento y desarrollo de nuevos negocios.

Ningún emprendedor de una *start-up* de éxito se fijó ni el éxito ni el enriquecimiento como su horizonte. Incluso la mayor parte de ellos les confesarán que jamás sospecharon que podrían llegar tan lejos. Sus pretensiones fueron mucho más modestas, aunque no por ello menos valiosas ni poderosas. Su motor fue el entusiasmo para llevar a cabo un negocio bien hecho poniendo en ello todo su empeño y la energía de sus equipos de colaboradores. El dinero, las riquezas y el éxito fueron algo posterior en los que, además de su trabajo, se aliaron la suerte y el impacto de ciertas circunstancias.

La *American Furs Company Limited* era una compañía del sector de moda especializada en peletería de alto *standing*. Sus actividades finales eran la venta, tanto al detalle en su red de tiendas propias, como al por mayor, de prendas de confección en piel totalmente acabadas y de lujo.

Disponía de una amplia gama de prendas, tanto para damas como para caballeros, y sus diseños y hechuras eran muy cotizados por los clientes. Igualmente, la calidad de la materia prima, altamente seleccionada y procedente en su totalidad de granjas especializadas, era completada con unos elaboradísimos acabados trabajados por esmerados y experimentados profesionales artesanos. Toda aquella suma era necesaria para conseguir aquel producto de lujo.

Los dos socios principales de la AFC eran Peter Hite y George Lyon. Ambos, cada cual por su lado, llevaban toda la vida dedicados al mundo de la confección en piel y disponían de un gran prestigio en ese sector y fama de seriedad entre sus clientes. A sus cincuenta y seis años, Peter, el mayor de ambos, seguía viajando y visitando a sus clientes mayoristas por todo el país, acercándoles hasta sus domicilios el extenso muestrario, como toda la vida lo había hecho. La verdad es que después de tantos años solía ser acogido como si fuera de la familia, pues era una persona realmente querida y respetado. Su padre también se había dedicado al mismo menester y había sido quien lo iniciara en el oficio y quien se convirtió en su mejor maestro y referente. Fue él quien lo había introducido en muchos de aquellos clientes. Hoy casi todos los que visitaba y encontraba en aquellos negocios eran los hijos de aquellos a los que conoció cuando aún era casi de adolescente.

El más joven, George, tenía cuarenta y nueve años, e igualmente gran parte de su vida profesional la había dedicado al mundo de la moda en general y los últimos quince años más específicamente al mundo del cuero, incluidos los artículos calificados como complementos y la peletería. Siempre se había movido con firmas de lujo y diseños de alta calidad.

Ninguno de los dos era experto en procesos de organización de un taller, una fábrica o una empresa, pero tenían dos grandes virtudes: la primera era una especial intuición para saber lo que el público iba a comprar, detectarlo con anticipación y ponerse manos a la obra para producirlo; la segunda una amplia red de clientela con la que mantenían excelentes relaciones desde mucho tiempo atrás, lo que unido a una enorme capacidad de trabajo les hacía ser unos profesionales valiosos y muy considerados.

El proceso hasta la elaboración de un producto final de alta calidad para la exigente clientela de alto *standing* como aquella a la que se dirigía la *American Furs Company* era extremadamente complejo y meticuloso. Solía iniciarse con la adquisición de fardos de pieles «en crudo» normalmente en grandes subastas internacionales radicadas principalmente en Canadá, Finlandia, USA o incluso la URSS. También podía comprarse directamente a algunas compañías especializadas como la afamada Hudson Bay Co. o la Sojuspushnina soviética, pero eso suponía un segundo escalón y normalmente resultaba algo más costoso.

Una vez importados los malolientes fardos, normalmente transportados en barco por el abaratamiento de costes, y extraídos de la aduana, se llevaban directamente a una curtidora donde se sometían a tratamientos químicos de lavado, limpieza, depuración y acabado. En todo este proceso eran inevitables las mermas, derivadas del mal estado original, de algún recuento deficiente, etc., por lo que algunas quedaban inutilizadas o con un aprovechamiento marginal como retales.

Luego, las partidas de pieles ya curtidas eran transportadas a la fábrica-taller de confección donde eran almacenadas ordenadamente y puestas a disposición de los maestros peleteros, quienes tenían la responsabilidad de hacer la mejor selección para lograr una combinación uniforme de colores e intensidad de pelaje para que la prenda resultara atractiva, armónica y equilibrada.

Una vez escogido el paquete por un cortador, se iniciaba un delicado y artesanal trabajo para ajustarse al patrón que los diseñadores habían creado con anterioridad. En el reverso correspondiente al cuero de cada piel primero se dibujan las líneas rectas y curvas por las que luego habría de correr manualmente la cuchilla. Así es como, con paciencia y minuciosa maestría, se lograba estirar la piel hasta lograr adaptarla a la longitud de tallaje que cada cliente precisara y permitía lucir un lomo que se deslizaba uniforme de arriba hasta abajo sin cortes ni empalmes que afearan la visión longitudinal.

Tras los maestros cortadores iniciaban su trabajo las maquinistas. Eran expertas y delicadas de manos, además de contar con una aguda vista para hacer correr la aguja de la máquina empalmando cada tira de corte previamente realizado con otro de cuero sin pelo a cada lado. De este modo es como se lograba un mejor aprovechamiento de la cantidad de piel con pelo, se abarataba el coste de materia prima y además se conseguía que el pelo se expandiera quedando más atractivo a la vista y estilizada la figura. Luego se continuaban con los procesos de entretelado, forrado, colocación de botones, broches, corchetes o cremalleras en su caso, etc. En fin, los mil y un detalles de las labores artesanas.

La empresa AFC había sido fundada por Peter y George hacía cuatro años. En ese tiempo las ventas y los pedidos no habían cesado de crecer, sin que se hubiera resentido la calidad, que era emblema indiscutible de la marca. Sin embargo, había dos graves problemas en la empresa. Por un lado, la falta de liquidez y tesorería les hacía estar permanente y extraordinariamente endeudados, lo cual les preocupaba y hasta angustiaba. Pero es que además los datos contables ofrecían pérdidas y no lograban entrar en beneficios. Ninguno de los dos socios podía explicarse lo que pasaba. Su especialidad era la artesanía y el mundo comercial, pero la organización de procesos y los números los superaban.

Comentando un día su situación con un buen amigo común le explicaron con detalle los entresijos del negocio y le pidieron su consejo. Este les recomendó que hablaran con alguien que hubiera estudiado esos asuntos. Les habló de alguien joven a quien conocía y que era de confianza. «Es muy joven, pero ha trabajado mientras cursaba sus estudios y es una persona despierta y buena conocedora de las finanzas y de los procesos de organización. Os garantizo –añadió– que es emprendedor, entusiasta, bien preparado, prudente y honesto. Seguro que cualquier compañía le ofrecerá un buen empleo inmediatamente, así que debéis pensar lo que podéis ofrecerle. Le conozco bien y si le convence el proyecto que queréis desarrollar, le ilusiona y se siente tratado con confianza y con libertad de decisión y ejecución, tendréis la posibilidad de incorporarlo con vosotros. Francamente creo que esa sería una buena decisión para vosotros».

Peter y George hablaron entre ellos cuando se quedaron a solas. Discutieron las ventajas e inconvenientes de adoptar aquella decisión, lo que le iban a decir, lo que pretendían pagarle y lo que esperaban de él y de su trabajo. Finalmente se dejaron guiar por aquella recomendación de su amigo y decidieron al menos conocer y entrevistarse con aquel joven.

JGC, que eran sus iniciales completas, era una persona activa, aunque prudente. Desde luego su entusiasmo era notorio. ¡Hubo empatía inmediata entre todos ellos! Le contaron el proyecto y sus ilusiones. ¡Aquello le gustó! Era muy educado y respetuoso, tanto con su experiencia como con la edad de los propietarios. Se sintieron bien tratados. No se le notaba demasiado preocupado por su salario, pero fue muy exigente en relación a sus funciones y responsabilidades y a su autonomía de decisión.

«Luego –explican–, nos tomó la delantera y propuso».

–Miren, me gusta su proyecto. Lo que más me atrae es tener la posibilidad de ayudar a lograr el éxito emprendiendo un negocio. Si quieren que me incorpore lo haré y trabajaré duro. Estudiaré la situación, haré un plan de trabajo. Una vez que lo tenga lo comentaremos y si les parece bien acordaremos el modo de llevarlo a cabo. Si nos decidimos todos, lo implantaremos. Lo que les propongo es tener un salario moderado y si entramos en beneficios quiero una incentivación predefinida por cumplir objetivos y otra complementaria en especie que consistiría en tomar una parte de las acciones de su *American Furs Company*. Quiero la posibilidad de alcanzar a tener hasta el 30% del capital en tres años. Así seremos socios. Yo les ayudo a entrar en beneficios y si lo logramos compartimos futuro.

Aquello pareció gustarles. Aquel joven estaba dispuesto a compartir éxitos y riesgos. Era una propuesta agresiva pero lógica.

¡Y así fue como se firmó el contrato! Sería el responsable de Finanzas y Organización. George ya lo había firmado y, cuando iba a hacerlo Peter, se volvió y les preguntó: «¿No estamos un poco locos? ¿La solución de nuestra Compañía en manos de un joven de veinticuatro años? ¡Bien preparado, añadió sonriente, pero de veinticuatro años!».

«Bueno –le respondió JGC directamente–, yo no soy la solución sino parte de ella. No voy a hacerlo solo. Los tres juntos lo haremos».

¡Aquello le convenció definitivamente! ¡Y así fue como estampó su firma, a la que añadió un fuerte apretón de manos con cada uno de sus compañeros!

Las cosas comenzaron a rodar pronto. Es bien cierto que aquel JGC era como un «extraño» entre artesanos. Yo creo, confesaría un día a la persona que lo recomendó, que nadie entiende ni para qué estoy ni lo que hago.

Pero en los dos primeros meses los problemas que causaban la situación de la *American Furs* quedaron al descubierto. Efectivamente, por un lado había problemas financieros y de buena administración, pero principalmente los organizativos eran los más trascendentales y los que más impacto tenían en los resultados económicos.

La primera sorpresa surgió al efectuar la valoración de las existencias acumuladas en los almacenes. Los productos acabados se encontraban infravalorados si se tomaban en cuenta los costes reales. Sin embargo, los mazos de materias primas y complementos estaban sobrevalorados. Tenían asignado un valor en base al importe de compra, pero cuando JGC hacía la pregunta de «¿qué valor de uso tiene?», muchos de ellos le respondían: «Solo para retales. Su valor es mínimo».

JGC no comprendía bien lo que pasaba, así que profundizó en aquello. Un estudio más analítico dio como resultado que el primer problema tenía que ver con la forma de costear las mercancías. El segundo tenía que ver con el modo de aprovechamiento de las mismas.

En aquella empresa de mediano tamaño sobraban las buenas intenciones en todos, pero faltaban inteligencia, orden y criterios. El resultado era que todos estaban preocupados por la situación y el riesgo de que, de seguir en esa situación, la empresa llegara a desaparecer.

Sucedían cosas asombrosas. Por ejemplo, cuando compraban un paquete de pieles en una subasta, se asignaba el precio unitario dividiendo el contravalor entre el número de pieles adquiridas. No se tomaban en consideración las mermas de transporte o las de curtido, ni los gastos añadidos de transporte, aduana, etc. La política era incluir todo «eso» en el «margen de beneficio» con el que se marcaba el precio de venta. El resultado era que nunca se sabía qué margen teórico de beneficio se tomaba en consideración al fijar el precio de venta de cada prenda o conjunto de prendas. Todo era una mera estimación.

JGC tuvo que llevar a cabo su primera pelea interna para convencer a todos de que los costes tenían que estar bien claros. «Yo no voy a pretender imponer el precio de venta; esa es vuestra responsabilidad –comentó con firmeza ante George y Peter–. Pero sí debo dejaros claro lo que cuesta cada prenda para que podáis fijar el precio final con absoluta precisión».

El segundo error que se cometía era consecuencia de la falta de orden y del exceso de confianza con el que se gestionaba aquella compañía. No en vano provenía de un pequeño núcleo que había nacido tan solo cuatro años atrás.

Cuando llegaban las pieles curtidas agrupadas en mazos y los maestros cortadores precisaban algunas de ellas para confeccionar alguna prenda, recogían de entre todas las que más les convenían y mejor se acomodaban a sus propósitos. De esta manera se iban utilizando en primer lugar las más grandes y las que mejor similitud permitían por colores. Aquella concesión a su comodidad hacía que el desajuste fuera creciendo exponencialmente, al quedar finalmente almacenadas las pieles más pequeñas, peor dotadas y con mayor incompatibilidad de colores. El desperdicio se multiplicaba y los restos inutilizables se acumulaban. El valor teórico de aquellas pieles era equivalente al de las mejores consumidas mientras que su valor de uso real era muy escaso o casi nulo.

Así era como se evaporaban parte de los beneficios. Sin que nadie fuera consciente de ello. Aquello era un problema de organización y de asignación de costes. Había que pensar en una nueva forma de hacer las cosas.

A JGC aquella tarea le parecía apasionante.

Peter y George alucinaban con todo aquello que el joven les iba contando. Sus conclusiones parecían comprensibles, pero no se imaginaban cómo iban a resolver las cosas. Al fin y al cabo, siempre se habían hecho de ese modo. Todos los maestros cortadores actuaban como había sido tradición y lo hacían así porque era una especie de derecho que asistía a la categoría de maestro peletero y siempre lo habían visto hacer de igual modo allá donde habían aprendido a hacerlo. ¿Por qué cambiar ahora entonces? ¿No sería complicarse la vida?

Pero JGC seguía estudiando números, revoloteando de aquí para allá por la empresa. Hablando con unos y otros, haciendo preguntas y tomando notas. Cuando le preguntaron sobre sus conclusiones les respondió contundentemente: «¡Una semana más! ¡Necesito una semana más! En una semana os cuento todo lo que he podido ver». Lo dijo con esa sonrisa tranquila y segura a la que nadie podía negarse.

La tercera conclusión sobre la que andaba afectaba a las formas y métodos de producción que se llevaban a cabo. Cada maestro cortador, una vez hacía su trabajo, les pasaba a las maquinistas su labor y la responsable de ellas lo repartía y entregaba a la primera que acababa su trabajo y quedaba disponible.

Todas ellas eran excelentes operarias y personas de confianza, honestas y trabajadoras. Muchas habían recibido propuestas de otros lugares para irse a trabajar, incluso con algún incentivo económico mayor, pero siempre las habían rechazado porque se encontraban a gusto allí. Se conocían unas a otras, había un buen clima de trabajo. Y tanto Peter como George eran respetados y les consideraban honestos, responsables y buenas personas.

Había un pacto no escrito entre todos ellos por el que, cuando terminaban su jornada de trabajo, podían voluntariamente llevarse trabajo a sus casas para conseguir unos ingresos extras. Aquella forma de trabajo era conocida como «destajo» y se pagaba conforme a un baremo pactado por tarea finalizada y aceptada por el maestro cortador, o en su caso por la responsable de maquinistas.

Aquello permitía lograr un extra de producción que a todos beneficiaba, pero como «cada maestrillo tiene su librillo», cada uno de los que intervenían en el proceso remataba los detalles de su trabajo conforme a su mejor criterio y estilo. Eso le añadía un indudable toque personal artesano, pero a cambio ciertos clientes mayoristas se quejaban a veces de falta de uniformidad. Así, con algunos grandes y resabiados compradores empecinados en la uniformidad, les llegó a crear algún problema en los controles de calidad por las diferencias entre unas prendas y otras del mismo modelo a la hora de rematar ojales, costuras de las solapas, etc. Hubo algunas devoluciones y a veces se vieron obligados a rehacer trabajos. Sin embargo, nada se podía reprochar a nadie. El trabajo de cada uno era admirable, la calidad y fineza de su artesanía indiscutible considerada unitariamente, aunque cuando se tomaban en cuenta series se producían desajustes.

Aquello no se debía a falta de calidad ni de rigor, sino que simplemente era consecuencia de su historia. A veces de dónde procedemos explica muchas cosas. Cada uno de aquellos experimentados profesionales se había iniciado en aquella profesión como aprendiz de la mano de algún maestro en pequeños talleres normalmente ubicados en las trastiendas, pisos o semisótanos de algunas de los negocios de peletería con orígenes familiares y tradicionales. Allí habían aprendido a averiguar, comprender y adaptarse a los gustos de cada cliente (normalmente femenino), a hacerle recomendaciones y sugerencias, a cuidar y mimar el tratamiento de los encargos, y por supuesto, a corregir los más leves errores que percibían, aunque pasaran desapercibidos a los ojos de un no profesional. Sabían mucho de sastrería a medida, pero no sabían nada o muy poco sobre estandarización. Eran un conjunto magnífico de autónomos agrupados, pero con muy baja o casi ninguna conexión entre ellos.

Peter y George decidieron una vez más conversar entre ellos antes de reunirse con JGC a finales de esa semana como él les había pedido.

—¿Sabes una cosa? —dijo George—, lo que dice ese chaval tiene sentido. No me parece ningún desatino. Las conclusiones tienen cierta lógica.

–¡Sí! –dijo Peter–, he estado pensando y, mal que me pese, he llegado a la misma conclusión que tú. Creo que si nos hubiéramos detenido a pensar, cualquiera de nosotros hubiéramos llegado a conclusiones similares. ¡A veces tiene que venir alguien de fuera para aclarar lo evidente!

–Bueno –refrendó George–, tiene la ventaja de que su mente está limpia. No está contaminado por lo que siempre se ha hecho. Y hay que reconocer que sus propósitos son nobles. Además, ¿sabes otra cosa? Pues que durante todo el tiempo que lleva entre nosotros nunca le he oído quejarse. Se ha movido entre todos con naturalidad y a todos les cae bien. Creo que sabe preguntarles sin atosigar. Le he oído y pregunta como quien desea aprender. Y sabe escuchar. Me parece que este oficio le gusta y tiene interés por aprender. Por eso les cae bien, aunque la verdad es que nadie entiende ni lo que hace ni para qué lo hace.

»Mañana nos contará sus conclusiones. Ya nos ha ido anticipando cosas, pero seguro que mañana será más completo, y he pensado –dijo Peter– que si te parece bien podríamos quedar para reunirnos en mi casita de la montaña. No está lejos y seguro que nos encontraremos más cómodos para hablar más libremente. Luego podemos comer en algún restaurante próximo al que podamos desplazarnos caminando. ¿Qué te parece?

–Hombre, pues por mí encantado. Además, ese muchacho lo va a agradecer. Creo que sabrá apreciar tu gesto como un detalle de confianza al acogerlo en tu propia casa. Me parece que valora mucho estas cuestiones. Le gusta percibir que es considerado parte del equipo. ¡Has tenido una excelente idea Peter!

»Es que tengo la intuición de que las cosas van a ir bien. El negocio marcha. Desde el punto de vista comercial cada vez conseguimos más clientes y nos hacen más pedidos. Si

JGC nos ayuda a rentabilizar el negocio creo que estamos ante la oportunidad de nuestras vidas.

Tal y como habían previsto el joven acogió con enorme agrado la invitación a la casa de la montaña. Entendió y agradeció el detalle de confianza de Peter y se mostró especialmente alegre.

Comenzaron la jornada de trabajo los tres juntos. JGC depositó sobre la mesa seis informes debidamente encuadernados. Tres más gruesos y otros tres más finos. En la portada de todos ellos aparecía un escueto *American Furs Company*. En los más gruesos se explicitaba «Informe global» mientras que en los más finos se indicaba «Informe resumido».

Peter tomó la palabra, quizá ejerciendo como anfitrión y como el miembro de mayor edad:

—Bien, amigo; ¿qué tienes que contarnos? —le dijo para darle paso.

—Bueno, pues lo primero de todo quiero daros las gracias por el detalle de invitarme aquí, a tu casa de retiro, Peter, y además por la ayuda que durante todo este tiempo me habéis prestado y por la paciencia que habéis tenido.

»Os he traído dos informes. El primero, más grueso, contiene todos los detalles que he logrado reunir. El segundo es más concreto y es el que os sugiero utilicemos, y si queremos verificar algo siempre podremos echar mano del más completo para repasar los datos. —Y repartió un juego para cada uno.

Era la primera vez que Peter y George veían que alguien les intentara explicar algo de su negocio con un informe delante, así que se miraron con cierta sorpresa.

—Por ser conciso tenemos varios grupos de cuestiones que es preciso acometer —expresó JGC.

»Primero: la cuestión de los costes de materias primas.

»Segundo: la fijación de los precios de venta.

»Tercero: la cuestión del aprovechamiento de materias primas y la minimización de desperdicios.

»Cuarto: la cuestión de la estandarización de productos y el control de calidad.

»Quinto: la organización de los destajos.

–¿No son demasiadas cosas? –preguntó Peter algo abrumado.

–Francamente creo que lo que tenemos por delante es algo apasionante –explicó JGC. Y de nuevo apareció en su rostro esa amplia y tranquilizadora sonrisa.

–Vayamos por partes. Los dos primeros aspectos creo que nos conciernen simplemente a nosotros y me parece que llegaremos a un acuerdo con facilidad.

»El primer aspecto es bien fácil de resolver y se refiere a costear debidamente, tanto las materias primas principales como aquellas otras complementarias y accesorias. Evidentemente el coste final de una materia prima debe corresponderse al del valor unitario de compra más aquellos otros añadidos complementarios, tanto de transporte como de otros procesos añadidos (curtido, etc.) necesarios para convertirla en un producto disponible. Además, la suma de todos esos importes deberá dividirse entre el número total de pieles disponibles para uso que finalmente se reciban; es decir, hay que excluir los desperdicios.

»Esto nos debe llevar a la decisión siguiente: el primer paso inmediato a la recepción de pieles en almacén y antes de pasar al 'almacén de disponibles en uso', ha de ser el recuento de las pieles y la diferenciación entre pieles útiles e inservibles. Las mermas son un coste añadido que no podemos olvidar. Luego, analizando todos los lotes podremos comprobar en cuáles hemos tenido más mermas, cuáles superan la media habitual y si unos orígenes son más inadecuados o de menor calidad que otros para tomar medidas.

»El registro de costes se llevará en la oficina de gestión de productos y será ella quien asignará a cada referencia el coste real.

»Esto enlaza con el segundo asunto. Si sabéis el coste exacto de las materias primas que usáis en cada prenda confeccionada, luego podréis aplicar el precio final siguiendo los baremos de 'marcaje' que estiméis más adecuados. Pero solo así sabréis exactamente el beneficio por unidad. Eso es algo que debéis determinar vosotros. Mi misión será, si os parece, la de suministraros los datos exactos de coste para facilitaros vuestra tarea.

»Bien, si estáis de acuerdo, con esto se resuelve el punto segundo. No obstante, el procedimiento es fiable para cada prenda unitaria en igualdad de condiciones. Pero tiene ciertos matices que os explicaré más adelante cuando entremos en el punto siguiente.

—Si te entiendo bien —explicó George—, lo que propones es que desde este momento existan como dos almacenes. Un primero en el que entrarán las materias primas para su primer clasificado grueso entre útiles y desechables, de forma que se les asigne una referencia y un coste, y un segundo en el que se encuentren disponibles para los maestros cortadores.

—¡Cierto!; más o menos es así. Eso va a tener ciertas ventajas y más aprovechamientos que luego veremos.

—¡Oye! —preguntó Peter—, ¿y si necesitamos fijar precios cuando las materias primas aún no están aquí y se encuentran en algún proceso anterior, cómo vamos a hacer? Los clientes no pueden esperar.

—¡Ah!, pues muy fácil. Desde que adquiramos o demos orden de compra de unas materias primas les asignaremos una referencia. Al precio de compra le añadiremos, según la experiencia y en base a la estadística histórica que tengamos, unos costes extra por transportes, aduanas, etc. y fijaremos un primer coste estimado incluyendo un porcentaje habitual de mermas. Ese será el estimado que utilizaremos. Una vez se complete el proceso estableceremos el definitivo más exacto, tal y como os he dicho.

—¡Bueno, pues no parece mala idea! La verdad es que eso de fijar un precio de venta y saber exactamente el beneficio estimado me gusta. Pero yo quiero tener libertad para fijar el precio de venta.

—¡Bueno!; ya os he dicho que esa es vuestra responsabilidad personal. Supongo que no hay nadie más interesado que vosotros en mantener el mayor margen posible. Yo lo que haré será crear un proceso, de forma que cada prenda, al venderse, deje reflejado el precio de venta, de modo que recibiréis periódicamente un listado con el precio de coste de cada unidad, el precio de venta y el margen real obtenido.

»¡Bien! Pues entonces en los puntos 1 y 2 estamos de acuerdo. Tendremos que darle una vuelta a la reorganización del espacio físico en nuestra nave de almacenamiento, pero creo que eso no será demasiado complicado pues disponemos de suficiente espacio. A partir del lunes entonces nos ponemos manos a la obra y podemos iniciar el nuevo proceso.

—Correcto —aseveró JGC—; pero antes deberíamos hablar algo sobre el paso tercero, que es la cuestión del aprovechamiento de materias primas y la minimización de desperdicios.

»Hay una cosa que no entiendo demasiado bien y que seguro que para vosotros será muy sencilla.

»Las materias primas son productos naturales, y como tales cada una es diferente y todas tienen matices diferentes. Una vez finalizado su tratamiento y recibidas en fardos en el almacén, he visto que unas pieles resultan ser mucho más lucidas que otras, con más densidad de pelo, longitud, etc. Como todas las hemos adquirido a un precio unitario medio en una subasta, si aplicamos el procedimiento que os he explicado el resultado será que todas tendrán el mismo precio, pero me parece a mí que realmente no todas tienen el mismo valor. ¿Estoy equivocado?

—¡Pues no!, eso que dices es cierto —repuso Peter.

—¿Estas proponiendo que hagamos una primer clasificación por categorías y que a cada una le asignemos un coste diferente de forma que la media permaneciera inalterable? —insistió Peter.

—Bueno; no sé si lo que digo puede ser útil o no. Vosotros conocéis mejor los temas de calidad que yo.

George asintió.

—Pues la verdad es que eso dependería, porque podríamos tomar dos vías. Una sería la de separar las pieles de más alta calidad de las otras y confeccionar prendas con dos precios y dos costes diferentes. La otra opción sería entremezclarlas de forma que aprovecháramos todas en lotes de modo que todas tendrían el mismo coste y precio.

—Pero eso no es fácil de determinar de antemano —soltó Peter, preocupado por la complicación que veía en todo aquello.

—Cierto —replicó George—. Yo creo que eso no se puede determinar a priori como política general, sino que dependerá de la distribución y composición de cada fardo.

—Bueno —replicó JGC—, no quería crear dificultades. Podemos dejarlo estar y más adelante seguir avanzando. No se trata de hacer algo perfecto desde el primer momento sino de incorporar avances y continuar aprendiendo. Según lo hagamos podremos adoptar otras medidas de las que estemos convencidos. ¡No pasa nada!

Aquello relajó el ambiente y alejaron la sensación de agobio que empezaba a cercarlos.

—Pero —insistió George—, ¿por qué has dicho al principio que esto estaba muy relacionado con el aprovechamiento de materias primas y la minimización de desperdicios?

—Pues porque creo que gran parte del beneficio de estos años es en el almacén donde se evapora.

—¿Cómo? ¿Es que piensas que nos roban? —se alarmó Peter.

—¡Oh, no, no! En modo alguno. Estamos entre personas honestas. Lo que pasa es que los escapes se producen como consecuencia del proceso que se viene aplicando a gran escala. Voy a explicarme.

»¿Me equivoco si afirmo que son los maestros peleteros quienes extraen las pieles que necesitan para confeccionar el encargo que se les requiere?

—¡Sí, claro!, como debe ser.

—¿Y me equivoco si afirmo que escogen las pieles más uniformes y las que más les conviene para su trabajo en cada caso?

—¡Cierto!

—¿Y que esto proviene de la cultura de la atención al cliente personalizado en pequeñas tiendas?

—¡Siempre ha sido así!

—¡Claro! Y tiene su lógica, pero todo eso se altera cuando intentamos aplicarlo a una producción estandarizada para la venta al por mayor.

—¿Por qué?

—Pues porque al final van quedando los restos que menos se han venido adecuando. Nuestro beneficio se convierte en eso. Los colores de lomos y pieles que menos encajan… En márgenes desaprovechados. Luego uno se va a valorar el almacén y lo que teóricamente tiene un valor, en la práctica es casi un desperdicio. —Explicó todo esto apoyándose en un gráfico que extrajo del informe que les había facilitado.

—¡Uff!; pues eso sí que es más complicado y tiene peor pinta para resolverlo, —afirmó George.

—Y tiene mucho que ver con lo anterior.

Peter se rascaba los pocos pelos que quedaban en su cabeza.

—¿Alguna opinión? —pidió finalmente Peter.

—Bueno, podríamos hacer una cosa —sugirió George—. Si hemos aceptado que antes de que las materias primas accedan al almacén de materiales disponibles van a pasar a un almacén previo de recuento, podríamos aprovechar ese momento para hacer un cierto agrupamiento.

—Oh —continuó JGC—, ¡más que eso George! Imagina lo siguiente. Creamos un responsable de, vamos a decir, clasificación. Alguien que extienda todas las pieles del fardo sobre una larga mesa y que las estudie. Que fuera estudiando y analizando su aprovechamiento y escogiendo las pieles con un orden.

—Aún más —explicó George, que se había metido de lleno en el problema—, que construyera los mazos que luego se entregarían a los cortadores, de forma que se aprovecharan al máximo las mejores pieles y se intercalaran para zonas complementarias otras menos perfectas. Eso significaría que no se permitiría a cualquiera escoger sus pieles predilectas, sino que trabajarían con 'mazos prediseñados' por un experto.

—Tú lo has dicho —dijo Peter—, ¡por un experto! Tiene que llevarlo a cabo alguien con mucha experiencia y a quien nadie le discuta sus decisiones. Alguien reconocido y aceptado por todos.

—Sería algo así como crear un departamento nuevo de Gestión de Producción. De ese modo al Almacén de Disponibles solo accederían mazos preclasificados por un especialista para ser utilizados en la confección de una prenda.

—¿Y eso no retardaría los procesos y nos quitaría agilidad? —preguntó Peter, que poco a poco se iba convenciendo.

—Pues, francamente, creo que no —explicó JGC—. Se trata de gastar más tiempo en preparar bien las cosas, ahorrar costes sustanciales y garantizar la calidad. Luego el proceso habitual será más rápido al ir todo preclasificado. Incluso cuando entreguemos trabajos a destajo todo será más fácil y estará mejor controlado.

–¿Y a quién veis capacitado para asumir esta tarea?; porque creo que sería factible. Al menos podríamos probarla –afirmó George–. Lo digo porque si los pedidos siguen creciendo, en poco tiempo tendremos que acudir a talleres externos para que nos confeccionen encargos y esta idea me parece buena para poder llevar un control adecuado.

–¡Nunca me habías dicho que creías que deberíamos acudir al exterior! –comentó Peter.

–¡Pues no, la verdad! Pero que hasta ahora no haya sido necesario no quiere decir que no vaya a serlo. De hecho, tengo entre manos contactos con algunos clientes del extranjero y si alguna de esas operaciones fructificara en pedidos, deberíamos obligatoriamente que tener que pensar en refuerzos de producción.

–¡Entonces parece que todo va encajando! No creo que perdiéramos nada por probar –comentó Peter.

–¡Lo mismo pienso yo! –afirmó JGC entusiasmado–. Creo que va a ser un trabajo precioso.

–Bueno, pues a buscar a alguien que pueda ser un buen jefe de Control de Producción.

–¡Me parece que lo tenemos! –dijo JGC.

–¿Quién, según tú?

–Pues Joseph.

–¿Joseph? Pero si es nuestro maestro más antiguo y el más profesional.

–Pues por eso precisamente. ¡Y además el de más edad!

–¿A que te refieres con eso, jovencito? –le espetó Peter con cierta sorna.

–¡Oh!, lo digo con todo respeto. Creo que se lo merecería. Explicaré lo que quiero decir. Durante las entrevistas que he mantenido con diferentes personas durante estos días, Joseph ha sido una de las personas que mejor me han acogido y de las que más he aprendido. Es una persona juiciosa y equilibrada. ¿Sabéis que ya ha cumplido sesenta y un años? Anda un poco preocupado en relación a su jubilación. Un día me confesó que ya no tiene el pulso que tenía y que cada día le cuesta más esfuerzo dedicar tantas horas a la tarea tan meticulosa que el corte supone.

—Nunca me ha comentado nada de eso —afirmó Peter—. La verdad es que a veces tienes tan cerca de las personas que no tienes tiempo que dedicarles a sus cosas y supones que lo sabes todo de ellos cuando no es tan cierto que así sea.

—Podríamos hacer una cosa, si os parece bien —explicó JGC—. ¿Por qué no me acerco a él aprovechando cualquier oportunidad y le comento mi preocupación sobre el rendimiento de las materias primas? Creo que me ve casi como si fuera su hijo... Le explico el problema y le pido su consejo. Si fuera él quien nos aportara la solución que creemos es la mejor, sin duda se entusiasmaría con ella. El resto será fácil. Dejar pasar un par de días y pedirle que sea él quien asuma la responsabilidad de Jefe de Control de Producción. Por un lado ya no le agobiaría su problema de pulso para cortar con precisión y por otro lo distinguiríamos aún más del resto y podríamos aprovechar para mejorarle sus ingresos e incluso crearle un plan de incentivos vinculado a las mejoras de objetivos que pretendemos, lo cual de cara a su jubilación será un extra que le vendrá muy bien.

George y Peter se miraron algo sorprendidos. Aquella era una forma de actuar un tanto sinuosa. ¿Por qué no explicarle directamente a Joseph lo que pretendían? Así se lo expusieron al joven.

—Pues no es nada malintencionado. Es que simplemente creo que si Joseph entiende el problema y sugiere la solución, lo interpretará como «su solución». La personalizará y se comprometerá más con ella. Si se lo pedimos igual le hacemos daño pensando que ya no le consideramos demasiado competente. Sin embargo, si es él quien nos lo sugiere, no solo será un nuevo trabajo que llevar a cabo, sino un compromiso personal. Un reto que él mismo se habrá impuesto y en el que pondrá todo su empeño e ilusión. Además, será él quien se ocupe de convencer a todos sus colaboradores. Sabéis que todos lo admiran y respetan. Ha sido el maestro de casi todos y eso nos dará la energía y el empuje que vamos a necesitar.

»En mi tierra dicen que la mejor forma de llevar el ganado es colocar delante a un buen líder de la manada que haga lo que deseamos. Los demás le seguirán encantados. Es menos agotador porque serán ellos solos quienes hagan tu trabajo.

Los dos socios se quedaron perplejos. ¡Pero aceptaron la idea!

—Lo dejamos en tus manos, chaval.

—Bueno, en todo caso y si no lo consigo, siempre nos quedará que seáis vosotros quienes le deis la instrucción de hacerlo.

»Pero es que, además, si todo esto sale bien, estaremos al mismo tiempo facilitando la solución del cuarto asunto que tiene que ver con la estandarización de la calidad en serie. Si te he comprendido bien, George, te traes entre manos la relación con algunos grandes clientes extranjeros que en tu opinión nos supondrían multiplicar nuestras necesidades de producción seriada. ¿Es cierto?

—Bueno, no hay nada en firme aún, pero creo que es un hecho que puede producirse en los próximos dos meses —respondió George con cara de satisfacción.

—En tal caso debemos ser conscientes de que, si eso sucede, tenemos que concentrar nuestra prioridad, más que en hacer las cosas bien nosotros con nuestros empleados, en enseñar a otros a que las hagan como queremos y controlar la calidad de sus trabajos. Debemos aprender a estandarizar la calidad y a exigir que se lleven a cabo los trabajos que deseamos como deseamos y con nuestro «sello».

»Por cierto, algo tiene que ver con eso el punto cinco que he preparado.

—¿El referente a los destajos?

—¡Sí, ese!

—¿Y qué sucede?

—Pues dos cuestiones interesantes. La primera es conocida. Ya sabéis que cuando encargamos destajos hemos cometidos pequeños desajustes en ciertos detalles de remate que a veces nos han causado algunos inconvenientes con clientes. La segunda es que ¿os habéis dado cuenta de que nuestros propios operarios cuando funcionan por destajo elevan su producción hasta un 60% respecto a lo que consiguen durante las horas de trabajo reglamentarias? Aquí tengo las cifras.

A Peter aquello le indignó.

—¡Me siento defraudado! —dijo.

—Bueno, creo que lo mejor será tomarlo con cierta distancia y utilizar la inteligencia. Tiene cierta lógica. El empleo seguro garantiza unos ingresos y el rendimiento extra lo obtienen con los encargos añadidos. Probablemente piensan que si hacen más durante la jornada se reducirán los encargos extras y todos tienen sus compromisos (letras de coches, de casa, etc.) —con este comentario JGC demostró una flema y un pragmatismo poco común para su edad.

—Oye; ¿dónde has aprendido a razonar así chaval? —le preguntó frontalmente George, que estaba más calmado que Peter.

—¡Ah! Mi padre siempre me ha aconsejado. «Piensa si existe algún modo de que la fuerza de los otros redunde también en tu beneficio». Y la verdad es que viéndole actuar en muchas circunstancias difíciles, he aprendido mucho.

»Creo que debemos meditar sobre el mejor modo de hacer las cosas. Si les reprochamos su actitud, probablemente solo consigamos enfrentarnos y que todos salgamos perdiendo. Otra alternativa sería la de hacer proporcional el número de destajos que se entreguen con el número de producción durante la jornada laboral. Pero si vamos a necesitar más producciones, y según parece externalizar estas tareas, va a ser inevitable; quizá debiéramos pensar en algún modo más conveniente de actuar.

–¿Ya tienes algo pensado? –le preguntó Peter.

–¡No!; de verdad que no. Creo que debemos dejar correr las cosas. No tomárnoslas a pecho sino analizarlas con frialdad. Y ver el modo en que más nos interesa actuar teniendo claro lo que deseamos conseguir. Yo creo que podemos aprovechar del mejor modo las energías de todos. Lo que quisiera es que fuéramos capaces de hacer vislumbrar a nuestros colaboradores un futuro al que podemos aspirar y darles la oportunidad de que ellos nos sugieran mejoras. Además, y por el momento, con los cuatro primeros puntos tenemos más que suficiente para arrancar y conseguir serios avances.

Continuaron comentando entre los tres el mejor modo de iniciar la puesta en marcha de lo que habían decidido y se repartieron las tareas que convenía que cada cual hiciera.

–No nos metamos prisa. Esperemos a aprovechar el momento más adecuado para comenzar. Pero sobre todo seamos firmes y persistentes. Lo más importante es conseguir que todos colaboren con entusiasmo. Necesitamos el empuje de todos y no podemos permitirnos el lujo de desgastarnos en conflictos innecesarios y absurdos.

Un excelente almuerzo en un restaurante próximo fue el final de aquella reunión. Y no faltó un brindis al comenzar.

—Desde luego, el chaval tiene vista —le comentó George a Peter cuando se despedían.

—¡Sí! Y me parece que además es un perro de presa. Cuando quiere algo lo sigue y persigue.

Las siguientes semanas fueron muy interesantes. Las cosas comenzaron a hacerse de forma diferente a como se venían haciendo. JGC consiguió su propósito de que Joseph se colocara a la cabeza de las modificaciones que se adoptaban y que fuera el principal promotor de las «nuevas ideas». Todos celebraron que se le nombrara Jefe de Producción, pues se merecía el reconocimiento. Y él se quitó de encima el peso que lo acogotaba por su falta de pulso en las manos. Estaba mucho más tranquilo y veía la llegada del momento de jubilarse mucho más lejano y confortable. ¡Se le veía a gusto! Los ojos le brillaban como a un chiquillo.

En la empresa todo se movía. Comenzaron a llover las sugerencias sobre formas de mejorar la producción. Los pedidos llegaban y todos presentían que se avecinaban buenos años. Se les siguió facilitando más trabajo de destajo a todos aquellos que lo solicitaban. E incluso algunos sugirieron la incorporación de algunas personas conocidas, amigos o familiares que se interesaban por realizar trabajos para ellos.

De forma instintiva Peter, George y JGC se repartieron los trabajos de dirección. Los dos primeros se concentraron especialmente en la captación de clientes y el servicio. JGC, apoyado por Joseph, se dedicó a la organización interna y a establecer un sistema de control de costes riguroso. Llegaron incluso a analizar las mermas con las diferentes curtidoras con las que trabajaban y se introdujeron controles en las compras de subastas.

JGC se reunió con Peter y con George. Las cosas iban mejorando. La empresa había entrado en beneficios y proyectaron una expansión de su red de tiendas propias, lo que suponía llevar a cabo importantes inversiones. Pero el retorno había alcanzado una velocidad elevada y el esfuerzo merecía la pena.

–Hemos progresado mucho en poco tiempo. –¡Era sorprendente incluso para ellos! Jamás hubieran soñado llegar a donde estaban.

–Los logros se han conseguido en buena parte mediante la incorporación de sugerencias de nuestros colaboradores. Creo que deberíamos compartir con ellos el éxito –sugirió JGC durante una reunión de los tres cabezas–; por eso creo que deberíamos organizar un plan de incentivos que, sea no solo estimulante, sino que cree un estilo de hacer. Algo que evite el acomodamiento y que promueva la innovación. ¡Eso debe ser algo que nunca podemos perder como estilo de trabajo!

Así fue como llegaron a crear un sistema de incentivos anuales destacando a aquellos equipos con coeficiente de calidad más elevado a lo largo del año. Con estos premios se compuso un concurso de incentivación y se entregaban en la semana especial de la *American Furs Company,* durante la cual se desarrollaban desfiles de modelos, reuniones especiales con clientes y finalmente los *Best Practice Awards.* Actuaban en dos líneas: una para equipos internos y otra para colaboradores de talleres externos.

Hubo sugerencias que se plasmaron en remodelaciones trascendentales. Por ejemplo, las pieles desde su orden de compra tenían asignada una referencia y mediante ese sistema se seguía todo su desarrollo. Incluso se incorporaba en cada prenda, y de ese modo, con una simple lectura del número codificado, se podía saber el coste de cada producto acabado.

Joseph empezó a experimentar un modo de controlar mejor las necesidades de estandarización de la calidad en los destajos que se encargaban. Se hacían indicaciones, tanto en las boletas de encargo como explicaciones personales, sobre la importancia de poner atención en los detalles finales de acabado por simples que pudieran parecer.

Un día comenzaron a llegar más pedidos de los habituales y se empezó a ver la necesidad de ampliar las redes de producción. Lo que se había pensado que fuera una posibilidad empezó a venirse encima.

Mediante otra sugerencia del equipo de Control Previo la tarea de Joseph se hizo aún más trascendental y hubo que reforzar su equipo con dos personas más. Se diseñaron para trabajar unos larguísimos tableros sobre los que se proyectaba luz blanca con amarilla para conseguir una mezcla adecuada que les permitiera analizar mejor y de modo más realista los detalles de colores. Componían mazos de pieles para según qué tipo de prenda (según se tratara de abrigos, chaquetones, etc.), lo cual estaba relacionado con los volúmenes de pedido o a veces con las estimaciones de venta según la experiencia o la intuición que expresaban George y Peter.

Se crearon unas boletas hechas de cartulina y papel autocopiable con un troquelado especial que llevaban una numeración referencial de forma que servían de control de todo el proceso de manufactura y que acababa con una serie que se incorporaba en un lugar determinado del bolsillo interior de modo que, recurriendo a él, podía identificarse, no solo el coste, sino el origen de la materia prima y cada uno de los intervinientes en el proceso. Corría el año de 1978 y los sistemas informatizados aún eran algo inimaginable, así que aquel método de fichas era totalmente manual.

Empezaron a darse más trabajos a talleres externos, algunos recomendados por los propios empleados. Llegaron a tenerse algunos expertos en el corte y cosido de prendas que se recepcionaban para luego encomendar el resto del entretelado, montaje, remate y terminación de las prendas a otros talleres.

Continuó el crecimiento de clientela y la expansión en nuevos mercados exteriores tal como George había pronosticado; Alemania, Francia, Italia y finalmente Japón.

Este último país, al igual que Alemania, supuso llevar a cabo una modificación en las hechuras y sistemas de tallaje de la confección, pues tanto en la conformación corporal como en el tamaño, los sistemas habituales no se adaptaban. Se decidió enviar equipos de contacto y visita a escuelas de diseño y patronaje en esos países para adiestrar a los empleados.

Hubo que crear un plan de entrenamiento y estandarización para los especialistas de diferentes talleres para conseguir unos acabados similares. Incluso dotarlos de hilos, corchetes y demás componentes exactamente idénticos para unificar. Del mismo modo insistirles en los dobles pespuntes y remates según fuera el caso.

El equipo de Joseph se amplió y asumió, no solo las labores de control previo, sino las finales de control de calidad, de forma que ningún trabajo era abonado sin su revisión previa y el sellado de conformidad que implicaba su responsabilidad. A veces incluso se llevaban por muestreo interiores para verificar la calidad de los acabados y remates. Un error en uno de ellos significaba el desmontaje y verificación de toda la partida y la aplicación de penalizaciones.

Como los planes de incentivación de calidad incluían también los de productividad, los propios empleados se dieron cuenta de que conseguían mayor eficacia si construían estructuras fijas en serie, es decir, un cortador tendría su propio equipo conformado por su línea de maquinistas, entreteladoras, forradoras, rematadoras, etc. De este modo, y al ser equipos completos, conseguían una mejor y mayor entendimiento y eficacia, además de unos estándares de calidad más elevados. Igualmente tenían más facilidad para introducir sugerencias e innovaciones en los procesos e incluso para incorporar personas a los procesos de aprendizaje.

Se creó una escuela de aprendices conformada por personas muy jóvenes, la mayoría con la edad mínima que la legislación exigía, que se incorporaban a los equipos profesionales de trabajo y desarrollaban un plan de adiestramiento acelerado que debía acabar con unas pruebas de nivel que una vez superadas les permitían incorporarse, bien a talleres internos, bien a alguno de los concertados para asumir tareas más especializadas.

Algunos de los equipos internos que se construyeron empezaron a comprobar que eran capaces de multiplicar su nivel de producción mejorando la calidad. Hicieron sus propias cuentas y concluyeron que si fueran equipos colaboradores externos sus ingresos se multiplicarían. Uno de los más emprendedores propuso un día a George la posibilidad de estudiar un plan de transformación.

–Bien –dijo George–. Dadnos vuestras sugerencias y haremos un plan conjunto.

Finalmente se creó un proyecto que se denominó Plan de Reconversión de Equipos Emprendedores Prioritarios. Se aplicaba, no a personas concretas, sino a equipos completos que lo solicitaran en pleno. La cuestión era bien sencilla: la AFC ofrecía un contrato garantizando un mínimo de producción anual durante los siguientes cuatro años. Se les financiaba mediante un anticipo amortizable en cuatro años, si lo precisaban, el importe necesario para la instalación y adecuación de su propio taller. Entregaban además como cesión de uso los suministros de maquinaria que necesitaban que pasarían a ser propiedad del nuevo taller externo pasados los cuatro años. Y, además, se incorporaban de pleno derecho a los *Best Practice Awards* de la compañía. A cambio, los empleados a título individual renunciaban voluntariamente, sin exigir indemnización, a su relación salarial como trabajadores por cuenta ajena de la AFC y se comprometían como equipo e individualmente a una exclusividad para la AFC como taller externo vinculado por un contrato mercantil con dicha compañía. Igualmente se sometían a los criterios de Control de Calidad especificados por el equipo de Joseph y se establecían unas tarifas de pago para cada tipo de trabajo que se verían adaptadas anualmente según el índice oficial del coste de vida. Por tratarse de Talleres Emprendedores Prioritarios las tarifas base eran un 5% superiores a las de los talleres externos. Era una forma de reconocimiento y el pago de la garantía de calidad que habían adquirido al formar parte de la organización. Llevaban el sello AFCQ (*American Furs Company Quality*) y eso significaba además su predisposición a la realización de nuevos proyectos de innovación.

–Aquellos emprendedores que surgieron de aquel proyecto me enseñaron otra cosa –comentó un día Peter–. Nos pedían lo que necesitaban. No querían nada superfluo sino lo que les era más necesario. Son ellos los protagonistas y los que saben lo que precisan, no lo que un funcionario o proyectista teórico ajeno a ellos ha decidido darles. El fracaso de muchos viveros de empresas es que se diseñan «a mayor gloria y vanidad del dador», y eso poco o nada tiene que ver con lo que realmente demanda el emprendedor. Nuestras personas pedían por ejemplo maquinaria, un plan de recogida de transportes que les permitiera aprovechar más el tiempo o que les facilitáramos el acceso a créditos cuando los necesitaban para ampliar sus pequeños negocios.

Todo aquello resultó ser una buena decisión para todos. Aquel arriesgado equipo pionero fue el referente de las aspiraciones de otros. Consiguieron, con su espíritu emprendedor, unas mejoras sustanciales en su nivel de vida y además un empuje sustancial para el desarrollo de los planes de desarrollo de la *American Furs Company*. Otros los siguieron.

Peter, George y JGC estuvieron de acuerdo en algo esencial: el paso a ese nuevo modelo de contrato no podía ser en modo alguno un síntoma de distanciamiento. ¡Todo lo contrario! «Si queremos generar más emprendedores que se desplacen al modelo de Talleres Emprendedores Prioritarios debemos mantener una relación se especial sintonía y protagonismo con ellos. Ni ellos pueden despreocuparse de la evolución de la AFC ni nosotros de su éxito y trayectoria. Ambos debemos seguir implicados y dispuestos a ayudarnos e incorporar nuevas mejoras».

En pocos años la *American Furs Company* se había convertido en una sociedad con clientes mayoristas en siete países diferentes, una red de tiendas propias y sobre todo unos sistemas de control e innovación que sirvieron de modelo a otros. Algunos de ellos fueron registrados como sistema propio e incluso hubo competidores extranjeros que les pidieron consejo sobre sus modos de hacer y firmaron alianzas por las que la compañía ingresaba ciertos derechos por cesión de su metodología y sistema, por su asesoramiento y consultoría. Joseph y JGC fueron los encargados de ese desarrollo.

Nunca imaginé que llegaríamos al nivel que conseguimos. No nos gusta presumir frente a otros sino admirar, comprender y aprender de su buen hacer. Pero nuestra mirada estaba en nuestro horizonte y la fe en nosotros mismos. «Cada día pensábamos cómo poder mejorar algo –comentaron Peter, George y JGC–. Nuestro motor no era obtener más beneficios, sino la ilusión de hacer las cosas bien y de sentirnos protagonistas de nuestros quehaceres y de nuestras vidas».

No todo fue un camino de rosas ni nunca llegamos a vislumbrar un fin exitoso. Hubo muchos momentos muy duros, difíciles e incluso angustiosos. Pero al final conseguimos establecer las bases que garantizaban la estabilidad.

Las claves de este relanzamiento fueron la combinación de varios aspectos que puedes leer con ayuda de este bidi:

Capítulo 7. Un salto inesperado

El negocio marchaba estupendamente. Incluso demasiado bien. Y cuando eso sucede en un país de «vaivenes» hay que tomar precauciones. La corta experiencia ya me había enseñado que cuando todo marcha muy bien, lo único que pueden hacer las cosas es empeorar. La moda de la peletería había adquirido tanto auge y causaba tanto furor que muchas mujeres se lanzaron a adquirir prendas de piel. Tanto las que podían permitirse productos de alta gama como aquellas otras que buscaban «gangas» o que simplemente se conformaban con prendas confeccionadas con retales.

Eso provocó que muchos comerciantes tradicionales del textil ampliaran sus secciones y añadieran una de peletería. Era un producto de alto margen y había que aprovechar la ola. Al mismo tiempo surgieron multitud de pequeños talleres o nuevos fabricantes que colocaban productos muy mediocres en el mercado. Con los almacenes de los detallistas repletos, muchos de ellos incluso con prendas de muy baja calidad, me pareció que llegaría un momento de saturación en el que los detallistas devolverían mercancía a cambio de saldar débitos pendientes y los mayoristas podríamos tener un problema. En un negocio de ciclo largo desde que se adquirían las mercancías en bruto en subastas del exterior hasta que se confeccionaban y ponían a la venta, que necesitaba un apalancamiento financiero elevado, aquello podía ser mortal; así que en pleno auge, propuse a mis socios moderar las inversiones, ser más selectivos, pedir más garantías y contener el endeudamiento, al tiempo que frenábamos los gastos y generábamos ahorro. Aquello fue decisivo para sobrevivir cuando años después sobrevino una crisis mundial del sector.

Pero en los últimos tiempos sentía que había tocado techo. Mi mayor aspiración no era ganar dinero y hacer fortuna, sino ser capaz de dirigir una organización grande. Intelectualmente aquel negocio presentaba pocos alicientes y pensé que tal vez en una organización importante y estando en un nivel medio-alto podría encontrar una adecuada combinación intelectual, y de aprendizaje y responsabilidad.

Debo confesar que he sido de esas personas que han tenido suerte en la vida y que la buena estrella me ha ayudado. Una vez más se me apareció y recibí —nunca he sabido el modo en que me localizaron— el contacto de una compañía de «*head hunting*» que me explicó que tenían mi referencia y que querían conocerme. Acudí a aquella entrevista y casi finalizándola me ofrecieron un puesto como responsable de departamento en una importante compañía aseguradora. Les insistí en que yo de seguros no tenía ni conocimientos ni experiencia, pero me explicaron que no sería necesario. Que buscaban un perfil de joven ejecutivo, que tenían referencias mías y que acudiera a la entrevista. Así lo hice.

Me encontré frente a un subdirector general de Recursos Humanos, una persona muy energética que me explicó el proyecto de renovación que estaban acometiendo y las características del perfil que buscaban y para qué misión. La verdad es que hubo empatía desde el primer momento. El hecho de tener un trabajo donde me encontraba a gusto me hizo poner dos condiciones, además de unas económicas que resultaron ser razonables; la primera, que me garantizara tener autonomía, y la segunda que tuviera un puesto como directivo. Ambas me fueron aceptadas, aunque hubo cierta negociación al respecto. Finalmente me explicó que la decisión final la tomaría el presidente directamente pues estaba muy implicado en el proyecto que se me iba a encomendar y convinimos una tarde para entrevistarme con él.

Acudí muy tranquilo a lo que parecía un «examen final». Tenía veintinueve años y la energía e ilusión propias de esa edad. Me habían dicho que el presidente era una persona muy dura y severa. Muy educada pero muy exigente; incluso que podía dar la sensación de ser algo displicente en algunos momentos. Debo reconocer que lo que había ido viendo hasta ese momento de aquella compañía me gustaba y quedé asombrado cuando vi el sobrio lujo de la planta superior del emblemático edificio en el que se encontraba el despacho de Presidencia, las salas de juntas y comités, así como el equipo que trabajaba directamente a sus órdenes. Había allí cierto aire solemne, pero eso no pudo con mi jovialidad y creo que empaticé enseguida con todo aquel equipo. Realmente me gustaba el ambiente que fui encontrando.

De aquella entrevista con aquella persona de excelente educación, formación y cultura, sobria y de seria contundencia, recuerdo un momento en que me lanzó un golpe imprevisto mientras miraba mi currículum:

—¿Y por qué tenemos que contratar para este puesto a una persona demasiado joven que además no sabe nada del sector asegurador? —Inmediatamente le respondí con mi mejor sonrisa:

—Eso he pensado también yo cuando recibí la llamada de su compañía interesándose por mí y lo tomé como un reto. Respecto a la juventud, se me irá curando, y aunque soy joven no soy tonto, así que sobre el sector puedo aprender todo los necesario en muy breve espacio de tiempo. Mire, eso que dice es cierto, pero le puedo asegurar que por mi experiencia y trabajo soy una persona que cuando se fija unos objetivos consigue cumplirlos. Me considero eficaz en mi forma de hacer.

Me extendió la mano y por un momento no supe si me iba a espetar un «¡márchese de aquí!»; pero resultó convertirse en un «¡me gusta, le contratamos! El subdirector general le espera en su despecho para que cierren los detalles. ¡Bienvenido!».

Salí encantado y orgulloso como pocas veces en mi vida lo he estado. Lo comuniqué a mi familia (para entonces ya tenía mi primera hija), a mis padres y hermanos. Todos fueron enhorabuenas y alegría. El puesto —además del orgullo de formar parte del equipo directivo de una de las principales compañías del sector— resultaba bien remunerado y estable.

A mis socios ya les había comentado meses atrás que estaba a gusto y sabía lo que era ganar dinero pero que mis aspiraciones estaban en una gran compañía, así que cuando se lo comuniqué no se extrañaron, aunque lo sintieron. Acordé que mantendría mis acciones y que tutelaría a mi sucesor en el cargo ejecutivo cuando lo encontráramos.

Así acabó una fase importante de mi vida personal y profesional y comenzó una nueva que tenía todo el aspecto de resultar una gran aventura.

Muchas veces en la vida he tenido la sensación de que las personas tenían en mí mucha más fe que yo mismo y me proponían retos que, por novedosos, yo ni tenía experiencia ni sabía cómo acometer. Y este iba a ser uno de ellos.

Somos del modo en que somos percibidos.

No he sido una persona tranquila, así que afrontar el nuevo reto al que me enfrentaba me supuso horas de inquietud y falta de sueño. A veces debo confesar que me asaltaba la duda de por qué cambiar. ¿Por qué no permanecer cómodamente donde estaba, en un ambiente que ya conocía y con un trabajo que dominaba? Pero enseguida, desde no sé qué rincón de mi carácter, me llegaba la respuesta: «¡No vales para estarte quieto! ¡Necesitas explorar nuevos mundos! Eso es algo intrínseco en ti de lo que nunca te despegarás». Y ciertamente que me reconocía en ese modelo. Siempre había sido una persona inconformista e inquieta. No podía evitarlo. Algo desde el interior me empujaba. Me gustaba más explorar que asentarme en lo conocido.

Había cierta expectativa lógica en el departamento del que me iba a ocupar. El que venía siendo el responsable hasta ese momento aún ocupaba el despacho a la espera de un nuevo destino, pero tuve la suerte de que me acogiera con cordialidad y que no me hiciera injustamente responsable de su cambio de posición. Me presentó a los jefes que me reportarían directamente y luego le pedí conocer y poder saludar a todas y cada una de las personas para conocer e interesarme por sus trabajos, dificultades, opiniones y formas de hacer. Tuve una acogida muy agradable y me hicieron sentir cómodo. Es inevitable que con la llegada de un nuevo directivo las perspectivas de cambio generen inquietud y no hice nada especial para tranquilizarlos que no fuera mostrar interés y en muchas ocasiones admiración por las tareas que llevaban a cabo y la sofisticación de las informaciones que generaban. No hay que olvidar que, en aquellos tiempos de listados informáticos más en bruto, había que depurar y conformar informaciones que fueran valiosas para la visión global y la gestión.

Tuve también la impresión –que luego se confirmó– de que algunos de aquellos empleados eran tratados como ciegos ejecutores. Ni sabían ni se les había explicado el fundamento y el valor de su trabajo. Tomé nota mental de ello y me propuse corregirlo lo antes posible.

Mi antecesor me explicó todo lo que se «cocinaba» en ese departamento. Los logros conseguidos y las nuevas metas para las que se me había contratado. Francamente me impresionaron. No sabía cómo iba a ser capaz de «meterle mano» a esa responsabilidad.

Mis colaboradores me fueron instruyendo sobre la ciencia del seguro y el modo en que operaba: su filosofía, la estructura, distribución, etc. La importante red de sucursales propias y la inmensa capilaridad de agentes en los lugares más insospechados complicaban aún más la gestión. Tengo que agradecer a todos la comprensión y el cariño que pusieron conmigo, así como la tolerancia que mostraron ante mi desconocimiento inicial. Pero de entre todos ellos jamás he olvidado al que fue mi «segundo de a bordo», que siempre supo alertarme y aconsejarme. Podía haber sido él quien aspirara a ocupar mi posición, pero lejos de hacerme reproche alguno, me ayudó hasta tal extremo que aprendí lo que era el «liderazgo de abajo hacia arriba». Sin estridencias y sin buscar notoriedad influyó en mis decisiones, las moduló y las dotó de mejor criterio y eficacia.

....
El liderazgo es multidireccional.
....

Otra anécdota que recuerdo con especial cariño y que, por lo peculiar me supuso una gran lección, fue la siguiente:

Acababa de quedarme solo, sin el apoyo de quien fuera mi antecesor y tutor durante mi incorporación a la aseguradora. En este momento recuerdo lo acontecido con una persona que fue una de mis primeras secretarias. Nada más incorporarme me informaron de que iban a asignarme como secretaria y colaboradora a una persona que llevaba en plantilla bastantes años. «Francamente —me dijo el director de Recursos Humanos—, y para serte sincero debo decirte que es una persona conflictiva que ha venido teniendo problemas con la empresa desde hace tiempo y que es muy reivindicativa; no te será fácil sacar partido de ella, pero si fuera el caso y hubiera que tomar medidas cuenta con la promesa de que así se hará. Es más, teníamos pensado despedirla, pero hemos querido que fueras tú quien ratificaras o no esa decisión».

Realmente aquella no era una buena perspectiva. ¿A quién le apetece incorporarse como directivo a una organización y tener de colaborador a alguien así? Son muchos los asuntos que aprender y los temas que requieren esfuerzo y concentración. Muchas las personas a conocer. ¡Y tener que ocuparse además de los flancos! Y más en un puesto tan cercano y especial como es el de una secretaria. Pero decidí que aceptaría el reto con la condición de que si me causaba problemas me fuera sustituida de inmediato. ¡Al fin y al cabo...!

Al día siguiente la conocería, así que la cité a última hora de la mañana para tener más tiempo que dedicar a su entrevista. Me encontré con una persona de mediana edad, atractiva y algo nerviosa pero con desparpajo y buena capacidad de comunicación. Al principio estaba un poco seria, pero al cabo de unos minutos comenzó a relajarse y hasta esbozó alguna sonrisa. Parecía sincera, su mirada era franca y desde luego era una persona que iba de frente, con energía y hasta contundente. Estuve analizándola, supongo que como ella a mí, y decidí no hablar de su situación pasada ni de las historias en las que había podido verse envuelta. Tampoco me manifesté con especial dureza ni seriedad. Y cuanto más avanzaba nuestra conversación más me convencí de que lo mejor era orientarse hacia el futuro, hablarle de los proyectos que tenía pensado acometer, mostrarle mi mayor franqueza y apertura, procurar usar mi sonrisa más convincente y trasmitir el entusiasmo que el proyecto en el que estaba embarcado me hacía sentir. Le conté que me sentía feliz y esperaba que todos mis colaboradores se encontraran a gusto y cómodos en su trabajo. Y dejé bien establecidos los principios de relación con todos ellos: lealtad, rigor, dedicación, ilusión, responsabilidad, forma de trabajo colaborativa con el equipo, no ocultismo, franqueza, etc. Casi al finalizar di la vuelta a la conversación y convertí lo que podía haber sido una entrevista de selección en una oferta u ofrecimiento que le hacía a ella dejándole bien claro que me gustaría contar con su cooperación y ayuda siempre y cuando ella estuviera de acuerdo y le apeteciera convertirse en mi secretaria.

Creo que eso la sorprendió; noté que le había aparecido un brillo en los ojos y contestó sincera: «¡Estaré encantada!».

«Bueno —le dije—, pues bienvenida al equipo. Desde mañana, si te parece bien, iniciamos nuestro trabajo juntos. ¡Ah! Y por cierto —añadí—, a mí no me gustan los horarios ni perseguir a las personas para ver cuándo llegan o cuándo se van. Creo en la responsabilidad de cada cual y en el trabajo acabado y bien hecho. Y, por supuesto, me encanta divertirme trabajando junto a mis compañeros. La alegría es energía».

Habíamos consumido casi dos horas y no habíamos comido. Se nos había pasado el tiempo, al menos a mí, rápidamente. Me pareció una mujer interesante y de gran dinamismo que podía ser muy aprovechable si llegaba a encontrarse convencida y a gusto.

Al mes de trabajar juntos la confirmé definitivamente en su puesto y defendí ante la dirección de Recursos Humanos los motivos profesionales que hacían que la quisiera mantener y les agradecí que me ayudaran y confiaran en mi capacidad para reintegrar a una persona con la que las relaciones habían venido siendo desagradables e incómodas durante muchos años. Pero la condición fue que nunca se volvieran a sacar los trapos antiguos. Aquello debía ser un inicio limpio para ambas partes.

Trabajé junto a María durante los cinco años que estuve en cargos directivos en aquella corporación y jamás tuve que reprocharle nada. Fue siempre una persona diligente, generosa trabajando y esforzándose, con una sonrisa predispuesta en todo momento, cercana a las personas, integrada en el grupo, cuidadosa y amable en las relaciones con clientes, proveedores, compañeros, etc. Cuando dejé aquel trabajo para aceptar otro en otra compañía sentí profundamente no poder llevarla conmigo, pero sus condiciones, especialmente de antigüedad y derechos adquiridos, lo impidieron. Fue entonces cuando en mi despedida le comenté cómo había sido aquella entrevista inicial conmigo y lo que me habían comentado previamente, previniéndome contra ella.

Toda su respuesta fue: «¡Tenían sus razones! ¡Y yo tenía las mías! Nos habíamos metido en una relación 'de lucha a brazo partido'. Una espiral negativa de esas que no tienen salida. Y era desagradable y conflictivo para ambas partes. Yo no era feliz, no tenía porvenir. Necesitaba ese trabajo por mí misma y por mi familia. Tras la conversación contigo, en la que no hubo ni reproches ni historia pasada ni agobios sino futuro, descubrí que aquella podía ser mi oportunidad para volver a ser feliz. Yo soy una persona jovial que había perdido la sonrisa y estaba triste. Aquello me convenció. Era una oportunidad de las que pocas veces aparecen en estas situaciones. ¡Y decidí aceptar la apuesta y poner todo mi empeño! Francamente fue como una aparición. Encontrarme ante algo que no sabía pero que deseaba intensamente».

No creo que haga falta rebuscar mucho en los recuerdos de cada uno de nosotros para descubrir algunas anécdotas personales sobre oportunidades tanto propias como de nuestros entornos próximos.

Así aprendí el valor que puede aportar gestionar adecuadamente las segundas oportunidades.

La segunda oportunidad manejada con inteligencia puede resultar ser un gran motor activador de las personas.

Capítulo 8. Bienvenido a la vida corporativa

Hubo otras cosas que aprendí durante aquellos años de mi primer contacto con una gran compañía y que hasta ese momento me resultaban desconocidas.

Por ejemplo, descubrí que la competición interna es inevitable. Una Alta Dirección sólida –y con ello me refiero a sustentada sobre criterios objetivos y apartada de amiguismos–, sin duda alguna sabe modularse, aunque siempre surgen rescoldos por culpa de envidias, choques de criterios, imagen, malosentendidos y demás características de los seres humanos.

Por primera vez asistí a los llamados Comités de Dirección, Comercial, Técnico, Jurídico, etc. En muchos aspectos culturales y del conocimiento, aquel teatro corporativo me devolvió a los mejores años de la universidad al toparme con directivos que hacían presentaciones de extraordinario nivel científico. Me impresionó y satisfizo enormemente el nivel de conocimiento que allí existía. Claro que nos reuníamos en aquella mediana empresa en la que me había formado durante mis primeros años, pero la precariedad y los conocimientos en ese entorno eran limitados. No disponíamos de tantos dossieres ni de sofisticados análisis de datos ni éramos tan formales, lo cual no nos impedía ser serios en las decisiones, entre otras cosas porque nuestro dinero se encontraba directamente en juego. Eran además reuniones mucho más cortas y decisorias. En una compañía grande como en la que me encontraba se daban vueltas y vueltas a las cosas desde diferentes perspectivas; se analizaban y consultaban con especialistas diferentes puntos de vista, aunque sucedían varias cosas que me extrañaban: no siempre se llegaba a tomar decisión alguna; con frecuencia se derivaba hacia otras cuestiones y se olvidaba la principal; a veces se decidía algo, pero eso no era garantía de que se ejecutara sino que simplemente caía en el terreno de la burocracia interna en la que se acababan disipando responsabilidades y debilitando ejecuciones, relegándose muchas ocasiones a la «nada»; las personas se movían en gran medida por su poder y prestigio internos. A los asuntos escabrosos procuraba no acercarse nadie, mientras que en los de éxito aparecían múltiples protagonistas; cada cual exhibía su contribución y se arrogaba el protagonismo del logro; no siempre había claridad ni sinceridad; muchas veces se decía lo contrario de lo que se pensaba con tal de no confrontarse con el jefe. Era el «juego de conveniencias».

Aquellas cuestiones, que me sorprendieron enormemente durante esos primeros momentos, haciéndome chocar con la realidad que hasta entonces había vivido. Reflexioné sobre ello y descubrí que en la pequeña y mediana empresa la actuación es muy diferente: se está muy cerca de la realidad, hay poco tiempo para la ciencia y mucha necesidad de tomar decisiones, los errores se pagan muy caros, duelen directamente y tienen protagonistas evidentes, al igual que los éxitos. Allí no se puede escudar uno en «es cosa de otro departamento», porque prácticamente solo existe uno.

> Disponer de mayor conocimiento no es garantía de adoptar decisiones correctas ni eficaces.

La naturaleza del primer trabajo profesional que uno acomete imprime carácter y conforma en gran manera el modo de ser y de reaccionar. Esa forma mía de entender la empresa me dio excelentes resultados, aunque alguna vez me creó algún incómodo reproche por parte de alguien que se sentía poco informado sobre actuaciones que llevábamos a cabo. Pero el presidente me apoyó siempre. A veces hasta una decisión errónea implantada con prudencia es mejor que una indecisión. Buscaba ejecución. Habían tenido muchos estudios, análisis y propuestas de planes de acción que nunca se llevaban a cabo con suficiente contundencia y necesitaba resultados para variar el rumbo de las cosas. Esa había sido la razón por la que mi antecesor, persona de gran cualificación y experiencia, había sido destinado a otras tareas. Pero ese es el «vaivén corporativo». Un buen aire que llega puede impulsarte y otro mal viento provocar tu caída al vacío, y en ambos casos sin especial responsabilidad ni para lo uno ni para lo otro.

El hecho de llevar en la sangre interés, y hasta diría yo que pasión por los retos, me hizo acometer con mis equipos proyectos complicados que nadie quería tener cerca. Eso me dio un «estilo diferencial» y me permitió disponer de «libertad de acción y autonomía», porque cuando algo tiene pocas probabilidades de éxito las personas miran hacia otro lado. Solo cuando las cosas comienzan a encauzarse y a reportar beneficios se empiezan a arrimar adláteres para demostrar ostentosamente su apoyo y aportación. El advenedizo es frecuente en las mega-corporaciones.

Capítulo 9. Cooperación inteligente

Estar empleado en una gran compañía, que además tenía un enorme prestigio en el mercado asegurador, me abrió puertas y ofreció posibilidades que de otro modo no hubieran sido posibles. Desde luego mi horizonte había cambiado sustancialmente desde que había abandonado el mediano negocio y había decidido incorporarme al mundo de la gran empresa. No obstante, creo que la experiencia en empresas pequeñas o medias dota de un carácter y experiencia que de joven educa y marca carácter. Pienso que es muy provechoso para las personas pasar por ese mundo y desde luego así se lo recomendaría a mis hijos. El negocio pequeño es una magnífica forja.

El sector asegurador, a pesar de ser trascendental para la vida de las personas, es un gran desconocido para la inmensa mayoría de la población, que se refiere a él con expresiones convencionales y poco halagüeñas porque como en tantas cosas toca de oído, sin rigor ni profundidad. No se habla nada de él en los libros de texto y se encuentra marginado de la educación de los niños. Incluso muchos maestros estoy seguro de que poco o nada saben al respecto. Sin embargo, tiene infinidad de facetas, sofisticados matices que requieren extraordinarios conocimientos para evaluar y poner precio a los riesgos, control de costes, etc.

Desde el punto de vista social, el concepto asegurador se sustenta en la solidaridad, y desde la perspectiva técnica o científica el seguro se basa en la estadística y la ley de los grandes números. Económicamente requiere de mucho temple, una visión sostenida y largo plazo. Eso hace de él un negocio interesantísimo, brillante e ingenioso que ha inventado algunos conceptos curiosísimos y de enorme valor.

La industria aseguradora de aquellos tiempos se encontraba enormemente fragmentada en un gran número de compañías. Eso hacía que ni siquiera las más grandes, entre las que se encontraba aquella en la que yo trabajaba, dispusieran de un volumen tal de negocio, tipología de clientes o variedad de operaciones que les permitieran crear estadísticas y consecuentemente tarifas propias. El segundo es que hay riesgos de tal magnitud que el hecho de asumirlos podía causar, en caso de siniestro grave, la quiebra de cualquier aseguradora, por grande que esta fuera. Para superar esos problemas estaban inventadas figuras de negocio tales como el coaseguro y el reaseguro. Mediante el primero varias aseguradoras se unen para, juntas y de forma expresa, asegurar conjuntamente un determinado riesgo según un porcentaje de participación que cada uno declara asumir. A través del reaseguro; el negocio adquirido de determinado ramo o tipología, incluso de origen coasegurador, se cede a una o varias compañías terceras de forma interna y sin el necesario conocimiento del asegurado para protegerse en caso de siniestralidad. De este modo cada siniestro es coparticipado por otros aseguradores, que se le reintegran también una parte de las primas cobradas según los acuerdos existentes en los contratos anuales o por operación que se firman.

> La confianza es la base que sustenta la solidaridad.

Estas figuras serían absolutamente imposibles de haberse diseñado y llevado a cabo si no existiera una característica esencial, que es la confianza entre los socios. Eso impregnaba de tal modo la forma de operar que el ambiente asegurador era extremadamente grato. Hasta tal extremo lo era que se compartían informaciones y estudios estadísticos a través de asociaciones sectoriales de investigación y de las grandes reaseguradoras mundiales, que exponían abiertamente sus conocimientos comparativos entre diferentes mercados internacionales. Eso hacía que se organizaran frecuentemente congresos nacionales e internacionales interesantísimos en los que se presentaban nuevos conceptos, descubrimientos, investigaciones, experiencias, proyectos novedosos, etc.

Ese ambiente es chocante para la inmensa mayoría de sectores en los que los competidores se perciben como enemigos, mientras que en este sector la cooperación inteligente es beneficiosa para todos ellos. Tanto colaboras, tanto recibes, era el lema de las asociaciones de investigación.

> La cooperación inteligente equilibrada y sana es una fuente de beneficios.

Explico todo esto porque fue decisivo en mi carrera profesional. En primer lugar, tuve la oportunidad de conocer a muchísimos compañeros del sector, tanto en España como en diferentes países. Hice amistad con algunos de ellos y mantuve cordiales relaciones con la gran mayoría. Nadie era desconocido en aquel club. El sector te calificaba enseguida.

Estos hechos, unido al de que la compañía para la que trabajaba tuviera un gran prestigio y el que mi cargo se hiciera notable por adoptar medidas pioneras, tuvieron como consecuencia que me propusieran enseguida tanto para dar conferencias como para asistir a congresos. Tuve que esforzarme, dada mi escasa experiencia en el sector y mi juventud, por efectuar presentaciones que pudieran resultar interesantes en fondo y forma. Para mi sorpresa fueron muy bien acogidas, lo cual redundó en la calificación con la que el sector me calificó, que resultó ser la de «creador de nuevas experiencias y regenerador de proyectos en crisis».

Esa calificación no era expresa ni nadie te la ponía directamente pero con el paso del tiempo, las preguntas de unos y otros, y los temas sobre los que te pedían que expusieras, podías hacerte una idea al respecto. Esa situación hizo además que me pidieran ser miembro de los equipos de trabajo en instituciones sectoriales, lo cual acepté siempre en representación de mi compañía, aunque me supusiera más esfuerzo que no estaba remunerado. Ciertamente toda aquella actividad me requirió muchas horas de trabajo diarias además de múltiples viajes.

Así logré conocer más el sector y que el sector me conociera más a mí, tanto en España como en diferentes países con los que teníamos vínculos fundamentalmente a través de reaseguradores y el intercambio con sus asociaciones.

Un trabajo apasionante es una creación personal. Depende de tu espíritu y de la forma en que lo afrontes.

◀\◀\◀|

Capítulo 10. Saber escuchar

Para ser sincero debo reconocer que al principio «las pasé canutas», como popularmente suele decirse. Y no porque nadie me diera de lado ni me marginara, sino porque yo mismo me devaluaba y me veía insignificante ante aquellas personas, maduras y experimentadas todas ellas, que tenían conocimientos impresionantes sobre el seguro y de quienes cada vez que hablaban yo recibía una lección. Así que decidí aprovechar sus conocimientos y preguntar. Les preguntaba en los comités que compartíamos, aun a riesgo de parecer bobo, o me dejaba caer por sus despachos para pedirles su opinión y criterio sobre algún asunto. Siempre me recibieron con cordialidad extrema y se ofrecieron para ayudarme en cualquier circunstancia.

Al cabo de un tiempo descubrí que muchos eran auténticos pozos de ciencia, aunque bastante poco eficientes a la hora de tomar decisiones e implantar proyectos. ¡Justo lo contrario que yo! En mi caso mis conocimientos eran más escasos, pero mi entrenamiento procedente de mi etapa empresarial para ingeniar desarrollos, implantarlos y seguirlos estaba muy acentuada. Así que, dado que como director comercial las redes de distribución eran mi responsabilidad —lo cual significaba que una enorme masa de personas me reportaba directamente—, establecí con ellos una «alianza invisible»: ellos me sugerían y enseñaban, y yo implantaba y resolvía las situaciones complejas. Fue un descubrimiento intuitivo, como tantas veces me ha sucedido en la vida. ¡Pero funcionó! Yo les ayudaba a cumplir sus objetivos y ellos me ayudaban a desarrollar los míos.

Pero quedaba otra pieza del sándwich en el que me encontraba. ¿Cómo lograr un mando de prestigio sobre aquellas enormes redes con algo más que un cargo? Hay que tener en cuenta que una parte sustancial de ellas lo conformaban personas que se encontraban vinculadas a la compañía a través de contratos mercantiles y que, además, los más profesionales y vigorosos desde el punto de vista del negocio tenían la posibilidad de trabajar con diferentes aseguradoras, por lo que había que andar con cuidado. Saber crear vínculos y confianza es clave en el desarrollo asegurador.

Aprendí mucho de conversaciones con los equipos de mis colaboradores directos, así como de los directores territoriales o de grandes oficinas que venían a saludarme y asistían a los comités y reuniones que se convocaban, pero tomé una decisión que resultó definitiva. Dediqué una parte de mi tiempo a viajar y conocer de primera mano lo que sucedía y cómo era la vida de nuestros empleados y agentes en el terreno. Dediqué muchas horas y días entre semana a esta tarea, lo cual me supuso una sobrecarga, grandes madrugones, viajes hasta horas intempestivas y miles de kilómetros en coche, a veces solo y otras acompañado de alguien de mi equipo. Resultó ser muy aleccionador para mí e hizo que surgiera un estrecho vínculo con las redes sobre las que tenía responsabilidad. Comprobé las diferencias entre los mercados provinciales, entre las grandes capitales y las poblaciones rurales, y me sugirieron nuevos tipos y especificaciones de seguro y oportunidades que se podíamos acometer y que yo luego gestionaba en la central.

Pasé arduas negociaciones con los responsables técnicos para lograr su convicción, adhesión y apoyo, tanto en el diseño de nuevos productos como en los modos de llevar a cabo la suscripción de pólizas, el ajuste de tarifas o la gestión de siniestros. Romper las barreras de la tradición no fue nada fácil.

Por muchas de aquellas oficinas y representaciones no había pasado nunca un directivo de la compañía y muchos de nuestros empleados tampoco habían tenido la oportunidad de convivir personalmente y compartir su trabajo y dificultades con alguien. Recordé lo provechosa que había sido mi experiencia con mis empleados en mi anterior negocio y las interesantes contribuciones que nos habían aportado. «Si estos empleados tienen una mayor cualificación ¿por qué no van a hacer al menos tantas y tan interesantes aportaciones como los otros?» me preguntaba. Y descubrí algo muy común en las grandes compañías: ¡nadie se lo había pedido nunca ni les había ofrecido la oportunidad!

Me interesé por el estilo de mando que había desarrollado la anterior dirección comercial y descubrí que se limitaba a «lanzar órdenes y establecer procedimientos» para que fueran cumplidos. Y decidí variar el modelo por otro no menos exigente pero con el que me encontraba más cómodo y que a mi entender nos aportaría cuestiones muy interesantes: solicitar su contribución y hacerles partícipes, tanto en congresos como en los premios e incentivos que la compañía tenía establecidos y cuyas bases modifiqué, causando en algunos casos algún revuelo, pero que me toleraron sin grandes oposiciones.

Es mucho más productivo entregar responsabilidad que simplemente exigir el cumplimiento de órdenes.

Podría contar muchas anécdotas de aquel entonces, pero hay una que nunca olvidaré y que viene a cuento. Fue durante un almuerzo con el que entonces era mi jefe directo, al que apreciaba sinceramente y que hoy es además persona para mí admirada y un querido amigo.

Llevaba yo muy pocos meses como directivo en la compañía y le reportaba a él directamente como miembro que era de la dirección general. Contaba yo entonces con treinta años y era una persona de enorme vitalidad y energía. Era la primera vez que mantenía este tipo de almuerzo «*tête à tête*» con esta persona y me hacía ilusión conocer sus opiniones. Ya a los postres del que había resultado ser un agradable y entretenido almuerzo me dijo:

—¿Sabes cuál es tu mayor cualidad?

—¡No! —respondí, deseoso de saberlo (y he de confesar que con mi orgullo presto a ser ensalzado).

—¡Pues que sabes escuchar! —me soltó de bruces.

—¡Ah! —respondí. Y esperé en silencio para ver si había vislumbrado alguna otra virtud en mí. Esperé y esperé. ¡Pero no hubo más! No sé si se me notaría externamente el efecto que aquello me causó, pero ahora con la distancia y el orgullo más macerado, debo confesar que para mí fue una especie de mazazo imprescindible.

Yo esperaba algo notable y notorio. Algo más directamente relacionado con la eficacia, o con la inteligencia o con la energía, o con la dinámica, o con el empuje, o con la creatividad y la innovación, o con la búsqueda de soluciones, o con la proactividad... ¡Qué se yo! Pero... ¿escuchar?

¡Santo cielo! ¿Tanto esfuerzo, tantos proyectos, tanto trabajo y estudios para eso? ¿Para descubrir que mi mayor cualidad era escuchar?

Salí de aquella comida manteniendo el tipo como pude pero cabizbajo internamente. Con mi juvenil orgullo herido.

¡Escuchar! ¡Escuchar! Aquella expresión rebotaba en mi cabeza. ¡Pues sí que estamos bien!

Como tantas veces en la vida, uno tiene cualidades o un potencial que desconoce o de los que no ha sabido extraer todo el beneficio que pueden aportarle. Tuvieron que pasar años hasta que yo valorara la importancia de saber escuchar; algo que, al parecer, yo hacía con naturalidad y que me ganó el respeto de las redes.

Probablemente fue aquel estilo de proximidad y escucha lo que me permitió ejecutar aquel giro radical en el estilo de dirección.

De ese modo cambiamos el modelo, y de ser «rivales» la central y la Red, pasamos a establecer alianzas provechosas. Debo aclarar que aquello no significó tolerancias inadecuadas sino aprovechamientos de la suma de energías de todos. Y sinceramente debo confesar con orgullo que aprendí mucho de personas que estaban en puestos de base y que tuve la oportunidad de promover a posiciones más relevantes incluso en otras sucursales o en funciones diferentes, que con el tiempo resultaron ser brillantes. Hubo cosas del negocio que me habían explicado pero que solo aprendí cuando tuve la oportunidad de enfrentarme con ellas de frente.

También hubo algunos que me tendieron «trampas», como la de presentarme un problema en directo y demandarme, por mi cargo, una decisión inmediata delante de terceros. De ese modo aprendí otra lección imborrable: ¡jamás tomes una decisión precipitada ni en caliente! Lo primero porque te hacen responsable de ella, y lo segundo porque el interlocutor adquiere el hábito de implicarte en sucesivas decisiones y la cadena de mando pierde valor. Así que siempre opté por dos cuestiones: la primera meditar y tomarme mi tiempo. La segunda compartir la decisión con mis colaboradores y hacer que fuera el jefe directo de su cadena de mando quien comunicara la decisión, exigiéndole refrendo y una comunicación clara y firme, tanto si era favorable como si era contraria a lo que nos demandaba. Eso ayudó a depurar las redes y crear el hábito de implicarse y sentirse parte de la decisión y no afectados por ella.

> Sobre las prisas alocadas: una decisión, si es sobre algo importante, bien merece una reflexión. Y si era trascendental, ¿por qué no se había visto y planteado ayer?

Debo reconocer que durante aquellos años me encontraba muy a gusto y estaba feliz. Conseguimos trabajar duro, pero nos divertimos. La alianza redes-central funcionaba. Compartíamos objetivos, éxitos, retos o fracasos y las áreas de auditoría que gestionaba se transformaron en herramienta de apoyo y elemento clave en el proceso negociador cuando alguien nos demandaba ayuda.

Si quieres oír a Julián hablando del liderazgo de proximidad puedes hacerlo con ayuda de este bidi:

Capítulo II. El anti-líder

Como todas las empresas centenarias, aquella había aprendido bien las lecciones de los avatares a los que había sobrevivido. Sabía que el largo recorrido está repleto de rachas buenas y malas. Y que las grandes organizaciones se hacen con algo más que los necesarios beneficios. Así, unas veces se ganaba más, otras algo menos, pero en esa empresa jamás perdía el temple ni resolvía las aspiraciones de sus empleados a base de absurdas medidas de histeria ni de exprimir a las personas, sino de conseguir mejores sugerencias, de abrir nuevas líneas de negocio, nuevos productos y servicios, y en definitiva de aprovechar mejor el talento de las personas. En esa filosofía se había forjado y ese era el poso cultural que rezumaba aquel ambiente.

En la longevidad de una organización hay una gran fuente de sabiduría. Navegar por sus avatares es una excelente enseñanza.

Como ya he dicho, cuando todo marcha bien lo único que puede pasar es que algo se deteriore. Y hasta ese momento las cosas iban muy bien y yo me encontraba feliz, absolutamente integrado y orgulloso en aquella organización

Si hay algo que dificulta enormemente la gestión de un negocio es tener como socio a un banco. Y aquella compañía tenía uno como socio principal. Mientras que el presidente, hombre de gran prestigio personal y profesional, se mantuvo en su puesto, logró tener una independencia de actuación que se perdió cuando se prejubiló y hubo un drástico cambio que permitió al banco intervenir y entrometerse cada vez más en las decisiones.

Banca y seguros son dos ramas del mundo financiero pero su concepción es completamente diferente. El aseguramiento es una jugada de largo plazo, mientras que la banca es mucho más cortoplacista; el seguro es confianza, mientras que la banca es desconfianza; en el seguro, sobre todo el industrial, son fundamentales las alianzas, mientras que la banca es una espada de Damocles; en el seguro la cooperación entre competidores es una fuente básica para una buena gestión, mientras que la banca es ocultista y desafiante; las redes aseguradoras están unidas a la compañía por contratos mercantiles y socios independientes comerciales con una importante vinculación afectiva, mientras que las redes bancarias están compuestas por empleados ejecutores de órdenes. Y así un innumerable rosario de cuestiones. No quiero con esto minusvalorar la función de la banca ni mucho menos a sus profesionales, pero sí dejar de manifiesto que son dos maneras diferentes de entender la gestión financiera.

Hay culturas imposibles de mezclar y el único modo de compaginarlas es desde el profundo respeto entre una y otra.

El único modo de integrar culturas es el respeto.

En el panorama internacional habían surgido interesantes modelos de distribución de banca-seguros; es decir de distribución de los seguros a través de las oficinas bancarias. Eso había llegado a oídos de los directivos bancarios y, viendo en ello una gran oportunidad, comenzaron a hacer las cuentas del Gran Capitán: tantas oficinas por dos pólizas al mes cada una y por doce meses... el resultado era atronador. Vamos, que en pocos años lo que producían sus redes superaría con creces toda la producción del sector asegurador en un año. Era un cálculo que más parecía hecho por el Club de la Comedia que por una organización seria.

Esas cifras los envalentonó y decidió a intervenir de forma drástica. De poco valió explicarles que esta era una carrera de fondo en la que valía más la pena hacer las cosas bien antes que rápido y mal. Tampoco alertarlos acerca de las dificultades que otras experiencias internacionales nos habían trasladado. O de las reticencias que mostraban muchos empleados de sus redes de oficinas. Pero, ¿de qué valen las advertencias frente a las «cantinfladas»?

> Creerse más que los demás es una estupidez que te termina aislando.

Para evitar complicaciones o la implicación excesiva de un proyecto «cogido con alfileres», creamos un modelo y lo trasferimos al banco, de forma que los agentes fueran autónomos y mantenerlos alejados, pero la cosa no quedó ahí. Aprovechando que el subdirector general al que yo reportaba decidió y aceptar otra oferta de trabajo en una multinacional, aterrizaron en su puesto a una persona procedente del banco.

Este hombre, maduro en años pues se encontraba en la cincuentena, de un perfil eminentemente bancario, no se preocupó ni un minuto por entender el modelo asegurador tradicional; simplemente mostró una obsesión absurda en comparar el trabajo de una oficina bancaria con el de una aseguradora: las cifras teóricas de ventas que se habían calculado para el proyecto banca-seguros con las que realizaban los agentes aseguradores. Su conclusión fue que solo a base de tensionar y presionar a las personas se conseguirían más ventas. Los presupuestos estimados le parecían insignificantes y me propuso elevarlos un cincuenta por ciento, lo cual, dicho así sin más, me pareció un disparate absurdo. Hubo tirantez entre nosotros si bien ambos guardábamos las apariencias. Yo creo que él estaba intentando medir los contactos o amistades que yo podía tener con el banco. Estos personajes solo sacan pecho cuando tienen certeza de que el otro no tiene armas que les puedan poner en riesgo. Son la imagen viva del «tiralevitas», vamos.

Yo ni podía entender que una persona inteligente fuera tan imprudente, ni que no trajera otras soluciones y metodologías más sofisticadas debajo del brazo, o que no escuchara, que no dejara hacer, que mostrara tanto desprecio por las personas y el trabajo que realizaban, ni que fuera tan vago. Y esa impresión se extendió por la compañía; las personas de las distintas áreas se sentían molestas y dolidas por el trato.

Aquel personaje fue toda una lección para mí, pues descubrí el anti-liderazgo. Había salido de su posición en la red bancaria porque querían traspasarlo a otras funciones dado su escaso nivel de competencia y no tuvieron mejor idea que, como a veces ocurre, transferirle al alto mando de la aseguradora. El efecto para él —como se sinceró un día— fue de desmotivación y desinterés al sentirse marginado y eso le hacía concluir que, si él no se sentía bien tratado ni liderado, tampoco se sentía en la obligación de motivar ni liderar él a sus colaboradores. ¡Toma ya, la conclusión del personaje! Eso produjo entre nosotros discusiones sobre la obligación de liderar a las personas con independencia de nuestros sentimientos o situación personal. Tuve que parar y blindar a mis colaboradores de los mensajes y estropicios de sus decisiones y órdenes, las cuales o bien limé en extremo o simplemente me negué a ejecutar. Viví unos días de tensión desagradable y era consciente de que, si bien me mantenía porque era sabedor de mi ascendente con las redes comerciales, a la primera oportunidad él me atacaría y trataría de eliminarme.

Esa fue una de las dos ocasiones de mi vida en que tendí una trampa a un jefe por el que no sentía respeto ni profesional ni personal. Un día, en su despecho, le expliqué que había meditado y que si su criterio era el de elevar los objetivos, deberíamos hacerlo, pero no un cincuenta, sino un setenta por ciento sobre los previstos, y además que, para generar más tensión, los incentivos por resultados, que eran una parte sustancial del sueldo sobre todo para los empleados mejores y más valiosos, deberían comenzar a operar a partir de niveles muy superiores, empezando a solo a partir de un setenta por ciento de grado de cumplimiento del nuevo presupuesto, dejando incentivo cero para los niveles inferiores a ese rango. No me costó demasiado convencerlo empleando las mismas técnicas que habían utilizado sus acólitos del banco al multiplicar el número de colaboradores por el número de pólizas diarias y por el número de días hábiles. Y así, el nuevo presupuesto quedaba «monísimo» y podía venderlo a «sus ambiciosos jerarcas». Para dar ejemplo, le propuse que nosotros mismos nos incorporaríamos a esa filosofía, lo cual no le importó porque había venido con «paraguas protector» durante el primer año. «Si tú firmas tu compromiso de incentivos por escrito con este cambio, yo firmo también el mío». Así lo hicimos y lo refrendamos delante del director general de Recursos Humanos quien, conociéndome bien, me miró extrañado. Tampoco él tenía ninguna afinidad con aquel personaje que había venido impuesto.

Una vez hecho esto y pasados unos días me llamó quejoso de que los resultados de cierre del primer mes eran muy distantes de los esperados. Yo le dije que para el siguiente se corregiría, lo cual, como era normal, tampoco sucedió. Eso le puso muy nervioso y alegó que íbamos a tener una importante pérdida de ingresos personales. Le dije que probablemente, pero que estábamos en la misma situación que las familias de nuestros colaboradores. Me dio un «ultimátum» de un mes más, el cual no llegué a cumplir pues faltando pocas fechas le dije que tampoco llegaríamos y que yo iba a salir de la compañía. Recuerdo su cara de entre sorpresa, agresividad y desafío. Le dije que ahora él tendría la oportunidad de aplicar sus destrezas y filosofía sin cortapisas por mi parte.

¡Yo tenía otra oferta de otra aseguradora para un nuevo e interesante proyecto de transformación que conllevaba mayor cargo y mucha mejor remuneración e independencia!

Al zángano ilustre aquello le costó muchos disgustos personales y cavarse su propia suerte. Fue invitado a irse a casa pocos meses después. Y a las demás personas se les reajustaron nuevamente sus contratos a las condiciones habituales anteriores y se las alejó de aquel desvarío.

Ser riguroso en el trabajo y exigente con las personas empieza por uno mismo y en absoluto está reñido con el respeto hacia los demás. Un directivo, además, debe asumir en su cargo la responsabilidad hacia sus colaboradores. El hecho de no sentirse bien tratado no justifica renunciar a liderarlos y a impulsar su desarrollo. Esa actitud forma parte intrínseca del cargo.

> La exigencia de responsabilidad comienza por uno mismo.

La verdad es que han sido pocas las compañías que he conocido profesionalmente en las que la gestión presupuestaria se hiciera de forma seria, rigurosa, pactada y con un plan de seguimiento y apoyo en el que todas las áreas, tanto de la central como de la red, estuvieran implicadas. La mayor parte de las veces se trata de un «acto de voluntarismo»; de un «ir a comerse un mundo en el que nadie cree» y que ni tiene base ni goza de la fe ni la implicación de los afectados.

> Dime cómo se construye y gestiona el plan presupuestario y te contaré cómo es la cultura de la empresa.

▮▷▮▷▮▷

Capítulo 12. Energía y confianza

Los comentarios de algunas personas hicieron que se me encendiera la bombilla de las ideas. Fueron bastantes colaboradores y personas de diferentes mercados con los que había compartido congresos y negocios quienes elogiaron mi creatividad y mi capacidad para transformar situaciones difíciles o proyectos en crisis. Como tantas veces en la vida hay terceros que piensan de ti lo que tú nunca has pensado que podías tener y te hacen descubrir nuevas perspectivas.

En la vida actúas conforme a la visión mental que de ti mismo te haces porque eso te hace variar tus comportamientos y enfocar las situaciones de forma diferente.

> La visión que consigas tener de ti mismo frente a las situaciones que debes afrontar te da o resta energía.

Un día pensé que, si una buena parte de mi valor diferencial consistía en mi capacidad para enfocar los proyectos más con la visión de un empresario que con la de un directivo, quizá podría acometer mi trayectoria profesional de modo diferente al habitual.

Hasta ese momento me consideraba un directivo que recibía una buena remuneración por desarrollar un trabajo ejecutivo en una organización, dispuesto a acometer diferentes tareas. ¿Qué pasaría si mentalmente me transformaba en un empresario que ofrecía acometer y resolver situaciones de proyectos en crisis y transformarlos en un periodo de tiempo? La contraoferta sería una remuneración económica más otra variable y decidiría la continuidad o salida de la organización una vez vencido el tiempo pactado.

Ese «cambio mental» me alumbró un nuevo negocio y un modo de verme a mí mismo en el que me encontraba mejor.

Medité sobre eso y me di cuenta de que eso me transformaba en un consejero ejecutivo con mayor rango y capacidad de decisión que ofrecía resultados a cambio de implantar con libertad sus decisiones conforme a un modelo o estilo de gestión personal.

Aquella idea me atrajo enormemente pues lograba combinar mis inquietudes como empresario con mis deseos de libertad de acción, además de conseguir una remuneración mayor si conseguía los resultados y que podía pactar previamente con quien me contrataba; la contrapartida sería mayor riesgo y más inestabilidad.

Eso me permitía trabajar en situaciones de dificultad que si lograba reconvertir resolverían un problema grave al contratante. El éxito en la transformación suponía además una remuneración extra en concepto de participación en resultados. Ese formato me pareció novedoso, pero además apasionante. Tenía fe en la metodología que había descubierto y conseguido implantar con éxito, así como la seguridad de poder desarrollarla en otras organizaciones. Yo no era quien hacía nada; eran las personas quienes, tratadas de modo diferente, actuaban de forma mucho más energética e implicada.

Quedaba ahora una cuestión que era la de si esa «posición mental» con la que acometería mis proyectos debía hacerla explícita o guardármela para mí sin exponerla totalmente. Eso me pareció algo crítico, pues a veces buenas ideas parecen demasiado arriesgadas o son poco aceptadas, más debido al formato con el que se plantean que por su contenido. Y era muy importante lograr el ¡clic conectivo! con el cliente que le permitiera sentirse seguro en vez de crearle intranquilidad o sentimiento de inestabilidad.

Sucedió por casualidad, como tantas veces me ha sucedido, más debido a mi buena estrella que a mi valía o a mis movimientos, que a una compañía de *head hunting* muy prestigiada en el sector le habían encargado la búsqueda de una persona capaz de reconducir una situación de crisis grave que estaban afrontando. Un proyecto fracasado de alianza internacional con otra multinacional había provocado la ruptura entre ambos socios y en represalia la compañía extranjera había optado por actuar de forma independiente creando una nueva organización. Para ello había fichado al director general comercial y este a su vez estaba llevándose consigo a todos los directivos de red para el nuevo proyecto. La compañía, muy tradicional y antigua, atacada de este modo, se encontraba descapitalizada de recursos y con un alto riesgo de pérdidas e incluso de desaparición.

El *head hunter*, a quien no conocía de antes, me contactó para ofrecerme aquel proyecto y me explicó que estaban buscando un transformador de situaciones en crisis. Que se trataba de una gran compañía muy rica pero demasiado tradicional, muy endogámica y que esta lucha había sido como el impacto de un proyectil en su línea de flotación. ¡Estaban muy preocupados! ¡Incluso histéricos!

Aquel parecía un proyecto idóneo para desarrollar mi modelo. Llegamos a un acuerdo y asumí la posición de máximo responsable comercial con rango de subdirector general, miembro del Comité de Dirección y reportando directamente al CEO, que por cierto era una persona a punto de retirarse en un par de años y con, sobre todo, muy pocas ganas de complicaciones. Recuerdo que sus palabras fueron: «Haz lo que quieras con tal de que no me dé problemas».

Cuando la noticia se extendió por el sector recibí muchas propuestas de empleados, especialmente de red, de la compañía para la que había trabajado, ofreciendo venirse a trabajar conmigo. Mi respuesta fue, como siempre he hecho, que, salvo en alguna situación puntual y extraordinaria no pensaba atacar a ninguna de las empresas para las que había trabajado antes porque consideraba que mi deber de lealtad así me lo exigía en conciencia. Además, nunca he creído en las transformaciones empleando personas de fuera pues lo que normalmente se consigue es crear dos bandos. Me ha parecido siempre un insulto hacia los que trabajan en la organización y en la mayoría de ocasiones siempre hay potencial de sobra para acometer los proyectos con éxito. Por otra parte me parecía crítico el hecho de ser yo quien me adaptara y fuera visto como «alguien de su grupo» quien buscara y encontrara los mejores valores de la nueva organización que me había contratado. Traer personas de fuera solo conduciría a crear antagonismos y asperezas de difícil solución entre «ellos» y «nosotros». Ya había visto como esa táctica había creado cicatrices profundas e imborrables en algunas compañías y eso había generado multitud de dificultades innecesarias, costes extraordinarios y pérdidas de rendimiento y energía.

En aquella organización había un valor intangible que fue crítico para el éxito de la transformación. A pesar de ser muy desconocida desde el exterior, internamente había logrado una importante adhesión sentimental y una firme vinculación por parte de las personas que la conformaban. No disponía de personas con una alta cualificación técnica ni en la mayoría de los casos eran titulados, pero eran personas trabajadoras y muy voluntaristas, ansiosas por progresar y agradecidas de la oportunidad que aquel empleo les proporcionaba, lo cual fue un factor crítico. Tuve que aprender a cambiar mi lenguaje para hacerme entender y comprenderlas. Sus argumentos y procesos cognitivos eran bastante elementales, pero eso no quiere decir que no tuvieran extraordinaria valía para los propósitos que perseguíamos.

> Hay trabajos que desarrollan con mucha mayor energía personas motivadas de menor nivel de conocimiento que otras de titulación superior desmotivadas.

El factor más duro de roer eran aquellos agentes representantes que llevaban años, incluso generaciones, vinculados a la compañía y que habían logrado grandes fortunas y creado una red de negocios complementarios y circulares en torno al principal. Su poder era enorme y sus intereses muy diferentes a los de los empleados de la organización. En cuanto «aterricé» en el negocio me fui directamente a visitarlos o a invitarlos a reuniones en la central. Eran personas muy orgullosas de su éxito y ostentosas en sus demostraciones. Nunca había visto tanto Rolls Royce ni tantos *jets* juntos como cuando organicé una convención exclusiva para ellos. Allí elogié su historia y les planteé aprovechar el enorme censo de clientes particulares para ampliar los negocios. El hecho de implicarlos en la «lucha» frente a quienes nos atacaban resultó actuar como revulsivo. Los «mensajes bélicos» estaban bastante extendidos en aquella cultura, así que procuré aprovecharlos en lo posible y en beneficio de todos. El «enemigo exterior» fue el detonante de la unión.

El hecho de ser una compañía especialista en un producto de gran calado en la sociedad y conformada por personas muy conservadoras les había impedido explorar nuevos productos hasta ese momento. Comprendí que no podíamos acometer aquella expansión diversificadora con los modelos tradicionales y diseñé un paquete de «ofertas cerradas» que vinculé a los recibos que se ponían al cobro y que incentivaba a los diferentes niveles. Cuando los cobradores, el escalón más básico y elemental, vieron que aquello les podía permitir notables nuevos ingresos, se volcaron en aquella actividad usando toda su influencia, que era mucho mayor que sus conocimientos en favor de la expansión. Fue algo así como destapar su «orgullo» y revalorizarlos ante el resto de la compañía. Fueron mis principales aliados. No es la primera vez que las personas situadas en los escalones inferiores, adecuadamente adiestradas y comprendidas, son capaces de desarrollar increíbles logros.

Siempre he creído más en la eficacia de «muchos pequeños poniendo todo su esfuerzo» que en la de «pocos grandes actuando con complacencia». Una vez más fue mi «conexión» con ellos y no otra cosa la que me permitió sacar adelante ese proyecto con cifras de negocio que alcanzaron niveles increíbles y que nos sorprendieron, no solo a nosotros sino a todo el sector. Poco después preparé otra operación de lanzamiento de productos en torno al aseguramiento de «riesgos personales»; vida, accidentes, retiro, etc., con idéntico éxito pese a que las dificultades eran mayores por la complejidad de los riesgos y las explicaciones que había que dar a los clientes. Pero la operación anterior les había dado confianza y muchos fueron los que se implicaron en el nuevo desarrollo.

> Quienes hoy ocupan los rangos superiores de las organizaciones tuvieron en su momento cargos más modestos, lo cual no impide que tuvieran un gran potencial.

Hubo otras cuestiones que llamaron mi atención y que me hicieron comprender el valor e impacto del sustrato cultural en las organizaciones. Cuando te vas de un gran proyecto, aunque sea a otro excelente, siempre tiendes a compararlo con aquel que te hizo feliz. De ese contraste extraje curiosas y sorprendentes enseñanzas.

La primera aseguradora para la que trabajé era técnicamente muy superior a esta, las personas estaban mucho más cualificadas y el prestigio sectorial era mucho mayor. Su *expertise* como compañía especializada en aseguramientos de complejos riesgos industriales le daba una elevada solvencia y disponía de expertos en el manejo de situaciones técnicamente muy complicadas tanto desde la perspectiva de evaluación de riesgos como en la de prevención o gestión de siniestros.

Esta segunda era mucho más sencilla. Con personal mucho menos formado (y muchos de ellos rayanos en la pobreza intelectual) tenía sin embargo una elevada sintonía con la popular clientela a la que se dirigía. Sus orígenes se forjaron en torno a los seguros de entierro que, además de tener una enorme aceptación y extensión popular, exigía agilidad e inmediatez en la prestación del servicio en caso de siniestro.

Además, esta compañía tenía un accionariado orgulloso de la empresa y firme creyente en el proyecto asegurador, mientras que aquella tenía detrás un banco con un inmenso capital pero timorato y sin deseos de invertir en seguros.

Curiosamente, la gestión de los servicios en los riesgos de atención al hogar o en los particulares era completamente diferente. Mientras que en aquella se trataban con lentitud y enorme detalle con una verificación exhaustiva de daños que a veces llegaba a encarecer el siniestro mucho más que los propios daños reclamados por el asegurado, en esta el servicio y la atención eran inmediatos y de una eficacia extrema. Razonando sobre aquella situación descubrí que, mientras que en la más técnica los siniestros sencillos se trataban con idéntica filosofía que si se tratara de un riesgo industrial, en esta se manejaban con la vocación de prestación de servicio que exigía un servicio de decesos. La valoración del servicio por los asegurados era por tanto mucho mejor y más rápidamente evaluada en esta compañía que en la otra.

Un segundo descubrimiento fue el de que en la compañía más sofisticada sus redes de ventas empleaban más un modelo negociador con los clientes dotada de una argumentación más técnica y sofisticada derivada de su formación y relaciones industriales. Los vendedores de esta segunda aseguradora vendían más por ascendencia. Su herramienta más persuasiva era la relación que tenían desde hacía años como cobradores visitadores a domicilio. Eso les había aportado una cercanía muy estrecha que reforzaba la elevada calidad del servicio y la proximidad con que actuaban en los casos de atención a los decesos. Su poder era mucho menos racional que el de los primeros y su fundamento más basado en el «yo te recomiendo esto» que en el «déjame que analicemos las coberturas» que te ofrece este seguro y las mejoras en relación a otros.

La técnica y el razonamiento argumental pueden ser un obstáculo para quien busca confianza.

Descubiertas estas características y peculiaridades, diseñamos modelos muy simplificados y asumimos los riesgos derivados de un posible infra-seguro. Pero técnicamente los departamentos técnicos centrales participaban en la filosofía que habían empleado en el ramo de decesos en el que «lo primero es atender» y después ya se efectuarían las revisiones llegado el caso.

Aquella vocación de servicio intrínseca que fluía por las venas de la organización ayudó sobremanera a que no existieran trabas técnicas sino todo tipo de facilidades para esas gestiones, lo que dotó de gran seguridad a las redes de vendedores.

A los tres años de trabajar en esta compañía sentí esa sensación de que mi misión estaba agotada. La red comercial se había recompuesto, se habían remodelado las estructuras y las ofertas comerciales, la empresa se encontraba en proceso de crecimiento sostenido y beneficios crecientes y yo me encontraba ciertas insatisfacciones por lo que respecta a mis aspiraciones intelectuales y de desarrollo personal y profesional. Mi mente estaba inquieta y abierta a nuevas experiencias y a correr nuevas aventuras.

Había vivido años de arduo esfuerzo, aunque de resultados satisfactorios; sin embargo, mi interior no mostraba mayor interés por la continuidad. Aquella experiencia me había permitido desarrollar formas de hacer que solo por encontrarse en aquella delicada situación inicial la compañía había acometido. Y los resultados fueron excelentes. La revitalización se había conseguido, la expansión también y un nuevo mundo de opciones se había abierto como horizonte. Por otro lado, aquella compañía remuneraba muy bien y cumplió todos los compromisos conmigo. Pero a mis treinta y seis años necesitaba algo que me ofreciera mayores perspectivas.

Capítulo 13. Energía oculta

Suelo decir que, al nacer, quizá por haber sido bastante prematuro y calificarse a esos niños como sobrevivientes, la buena estrella se fijó en mí y decidió acompañarme en mi vida.

La suerte también juega un papel en la vida y una vez más la diosa Fortuna y las coincidencias hicieron que otro *head hunter* tuviera el encargo de localizar un alto cargo para un proyecto ambicioso y complejo. Coincidió además que casualmente había incorporado como presidente a una persona con la que yo había tenido oportunidad de trabajar durante mis años en la primera experiencia aseguradora. Él, una persona de más edad, se ocupaba por aquel entonces de las áreas financieras y yo de las comerciales. Habíamos tenido muy cordiales relaciones, si bien no demasiado estrechas. Cuando el *head hunter* le habló de mí, enseguida se interesó y me llamaron para una entrevista. Me alegré enormemente de volver a verlo. Lo admiraba porque era persona de una extraordinaria inteligencia y una mente financiera prodigiosa. Enseguida llegamos a un entente satisfactorio para ambos. Él sabía que yo era persona creativa y que, aunque no era conflictiva, él debería respetar mi libertad de acción. Yo lo admiraba por las razones que he explicado, así que no nos fue nada difícil establecer unos principios de relación y acuerdo. Me ofreció la posición de director general reportando directamente a su persona. Salí de aquella reunión enormemente contento, pero también con el peso de quien asume una gran responsabilidad a una edad muy temprana. Tenía treinta y seis años y siempre en mi vida he tenido la impresión de que las cosas me llegaban precipitadamente.

Debo reconocer que he sido persona ambiciosa, pero en absoluto inconsciente, y tenía la sensación de que la vida me empujaba con un ímpetu y una velocidad que me tenían sorprendido. Pero acepté aquel nuevo reto.

> La suerte es un factor aleatorio que juega su papel en la vida, pero recala con más facilidad en aquellos que tienen ilusión que en los apáticos.

Otra vez más tuve la sensación de que las personas confiaban en mis capacidades mucho más que yo mismo.

Lo que me habían propuesto era un proyecto muy singular. La banca pública española estaba remodelándose para adaptarse a los requerimientos de la Unión Europea. Al frente del banco público más internacional y emblemático se había situado como presidente a una persona que quería desarrollar la línea aseguradora. Se trataba de una compañía que actuaba históricamente de forma muy independiente, pero con un perfil bastante funcionarial en sus procesos y métodos de gestión.

Cuando en el sector se conoció mi incorporación a aquel nuevo proyecto, alguien que me conocía me llamó para felicitarme y me advirtió: «¿Tú en una compañía funcionarial? ¡No sé lo que durarás allí!». Y afortunadamente se equivocó, lo cual me hizo aprender que no valen los estereotipos. Cerrarte puertas mentales por ideas preconcebidas es negarte la oportunidad de aprovechar nuevas oportunidades.

Vaya por delante que fue en esa compañía donde pasé los años más felices de mi vida trabajando por cuenta ajena. Desarrollamos proyectos increíbles con un extraordinario ambiente de trabajo.

Siempre se ha dicho que en el Ejército los cargos más apasionantes son el de sargento, capitán y coronel. Pues en las organizaciones a mí me gusta mucho más la posición de número «dos» que la de «uno», porque el segundo de a bordo es más libre y tiene más capacidad operativa. Sobre el «uno» se concentra la imagen externa, que siempre he evitado y las «relaciones políticas». El «dos» se concentra más en la gestión y es mucho más discreto. El «uno» es una posición mucho más aburrida.

A los pocos días me di de bruces con uno de los mayores estereotipos que suelen contaminar a las organizaciones, y no me resisto a contarles los hechos que viví.

La anécdota que les voy a relatar ahora me resultó en un primer momento simplemente graciosa, pero con el paso del tiempo se convirtió en una interesante lección de *management* que sigue suponiendo un gran reto en muchas organizaciones.

La primera que me recibió al subir a mi despacho fue mi secretaria, una persona joven que había trabajado con mi antecesor y con la que mantuve la primera conversación. Me explicó que estaba algo nerviosa porque pensaba que yo querría traer a mi propia secretaria y que de ser así lo único que me pedía era poder incorporarse a algún otro departamento. Le expliqué que no tenía la costumbre de llevar conmigo a nadie que no fuera estrictamente imprescindible y que estaba seguro de que podríamos hacer un buen equipo, como así fue.

Me interesé por su vida y me explicó que estaba estudiando el último año de psicología y la animé a que terminara su carrera ofreciéndole ayuda si en algún momento necesitaba algún tiempo para exámenes. Se interesaba por el mundo de los Recursos Humanos, y me explicó que su puesto actual era una gran oportunidad pero que le gustaría tener alguna otra opción profesional en su momento y hablamos de que terminados sus estudios veríamos alternativas posibles si le seguía apeteciendo un desarrollo personal en esa área.

Fue una excelente colaboradora durante los dos años que trabajamos juntos y guardo de ella un magnífico recuerdo. Pasado ese tiempo hubo oportunidad de que se incorporara al departamento de Formación donde asumió importantes responsabilidades e hizo un gran trabajo. Me costó encontrar una sustituta, pero al final seleccionamos a una persona madura, de gran energía y muy simpática, asturiana de origen y con gran experiencia que me ayudó enormemente durante toda mi estancia allí. Entre sus habilidades estaba la de poseer un sentido del humor excelente y una alegría interna de la que siempre sabía extraer una risa sincera aún en los momentos de mayor tensión. Todos mis colaboradores la apreciaban enormemente y siempre estaba la primera dispuesta a ayudar en lo que fuera necesario.

Agotado y aclarado este extremo como primer contacto, le pregunté sobre cuál sería, según su criterio, la rutina cotidiana más práctica y conveniente y me explicó a grandes rasgos el modo de operar que se venía practicando en la compañía. Me sugirió que lo más adecuado sería proceder a firmar los documentos y la correspondencia pendientes con el fin de no ralentizar o detener la operativa cotidiana, así que siguiendo su consejo me dispuse a ello.

Al poco regresó con una voluminosa carpeta portafirmas entre sus brazos. La dispuso frente a mí y fue observando cómo yo estampaba mi firma tras escuchar atentamente sus detalladas explicaciones. Entre todos aquellos papeles se encontraban bastantes documentos que eran órdenes de pago interno.

La mañana siguiente dedicamos igualmente la primera hora a la firma, e igual hicimos la tercera y cuarta jornadas.

El quinto día detuve repentinamente mi pluma, la cerré y la miré frontal y directamente.

–¡Oye! ¿No quedaron demasiados documentos pendientes de firma por mi antecesor?

–¡Oh!, No, no. No es eso. ¡De ningún modo! No piense mal –me explicó–. Lo que paso a la firma es lo que corresponde a los envíos diarios que me remiten los diferentes departamentos.

–¿Cómo? –me sorprendí–. ¿Quieres decirme que todos los días del resto de mi vida voy a tener que dedicar tanto tiempo a firmar?

–¡Son las normas!

–¿Las normas? –repliqué un tanto sorprendido–. ¡Estoy firmando y firmando documentos y documentos que ya vienen firmados hasta por seis personas antes que yo!

»¿Qué aporto yo a todo esto?

–Supongo que es una fórmula de control. Y usted es el director general.

–Pues por eso; porque debo ser el director general.

»Dices bien: '¡Supongo!' ¡Que es un método de control! Oye, hazme un favor: ¿Quién es el director con mayor responsabilidad sobre todos estos papeles?

–Creo que el director de Siniestros.

–¿Te importa decirle que venga al despacho cuando tenga un momento disponible? ¡Gracias! –Y suspendí la firma.

Al poco entró el director de Siniestros, al que recibí afectivamente. ¡Me caía bien! Creo que era una buena persona y un competente profesional y además muy apreciado en la casa.

Tomamos un café mientras entramos directamente al asunto en cuestión, aunque supuse que ya antes de subir a verme mi secretaria le habría, digamos informado u orientado, respecto al tema a tratar.

—He comprobado —empecé— que debo firmar diariamente una notable cuantía de documentos que vienen ya signados por otras personas. ¿Es eso habitual?

—¡Sí, director!; son las normas. —Era una persona un tanto protocolaria.

—¡Claro, claro! Debí suponerlo. ¡Oye! Agradezco y estimo enormemente que las normas sean respetadas, pero me gustaría que me respondieras con sinceridad: ¿Las consideras adecuadas?

—Bueno; son un sistema eficaz de control.

—¡Ya, ya! ¡Eso sin duda! Pero verás, es que tengo algunas dudas y quisiera conocer tu opinión. He leído detenidamente algunos documentos y me he dado cuenta de que se estampan hasta seis firmas antes de la mía. Por otro lado, me es imposible leer el contenido de todo lo que llega... Además se trata de documentos muy técnicos y, francamente, yo no sé si aporto demasiado a lo que ya habéis visto todos antes. Además, mira, hay casos en los que desde la fecha de la primera firma hasta que se solicita la mía, han pasado dos meses. Me gustaría que me dieras tu criterio sobre algunas cuestiones: ¿Qué crees que pensará el cliente sobre este retraso?; Y... ¿qué aportamos cada uno de los que firmamos al valor final?; ¿quién aporta más valor y quién realmente puede actuar significativamente sobre todo el proceso de gestión del siniestro, tanto desde la perspectiva de atención del cliente como de la reducción del coste final?

»Te ruego que lo pienses y mañana continuamos hablando a ver lo que se nos ocurre. Pero, por favor, alivia mi carga de trabajo. ¡Reduce mi número de firmas y te lo agradeceré! ¡Ayúdame a hacer el trabajo para el que me pagan!

Gracian anuncia que «algunos ponen el objetivo más en una dirección rigurosa que en alcanzar el éxito, pero siempre pesa más el descrédito del fracaso que el uso adecuado de los medios. El que vence no necesita dar explicaciones. La mayoría no percibe los detalles del procedimiento, sino los buenos o malos resultados; por eso nunca se pierde reputación cuando se consigue lo deseado. Todo lo dora un buen final, aunque lo contradigan los medios desacertados. La regla es ir contra las reglas cuando no se puede conseguir de otro modo un resultado feliz».

Así, y con la inestimable ayuda de aquel entrañable director de Siniestros, conseguí que mi firma se redujera drásticamente tras modificar las normas de procedimiento. Pero tuve la sensación de que aquello obedeció más a una fórmula para concederme el «capricho», que como director había solicitado, que realmente a una convicción interna que supusiera un modo diferente de hacer las cosas. El número de firmas se había reducido solo en un escalón, pero el resto de firmantes seguía actuando a pleno rendimiento. Para mí aquello ocultaba, tras la apariencia de orden, una fórmula de ostentación y dominio.

En las siguientes semanas tuvimos nuevos debates sobre quiénes eran los cargos que aportaban mayor eficacia en la gestión de un siniestro y acordamos que quien más próximo se encontraba al acontecimiento, física y temporalmente, era quien más y con mejor precisión podía influir tanto para incrementar la satisfacción de los clientes asegurados como para reducir los costes, lo cual era algo deseable para ambas partes.

Recuerdo una conversación que trascurrió más o menos del modo siguiente:

–Bueno; y... ¿entonces por qué no hacemos que sea el cargo más próximo el que actúe más directamente, quien decida y quien efectúe el pago de forma inmediata?

–¡Ah! ¿Y el control? ¿Cómo controlamos que no nos engañan?

–¿Crees que nos van a engañar? ¿Crees que el responsable de nuestra sucursal de Vega de Corcojuelos (por decir algo) nos va a engañar? Implanta un sistema de verificación automático y el pago informático centralizado, por ejemplo.

–Bueno, yo no digo eso. ¡Solo digo que el control es importante!

–¡Bien, bien!, no quiero forzar nada en un asunto que es tu directa responsabilidad. Quiero que seas tú quien decida. ¡Solo quisiera que analizaras fórmulas diferentes de trabajo!

Dos meses más tarde habíamos decidido establecer el ajuste y la remodelación en el organigrama estructural de la compañía para acomodarlo al nuevo plan estratégico. Hubo movimientos y promoción de personas. Una mañana temprano el director de siniestros vino a verme apresurado.

–¡Hola director! –seguía llamándome así y no había forma de quitarle la costumbre–. Vengo a que me firmes tu conformidad con el nuevo organigrama que ya te comenté, para que lo publiquemos y sea definitivo.

–¡Ah, sí!, ¡sí! –y empecé a firmar.

Repentinamente quise quedarme quieto y preguntarle:

–¿Oye, qué es esto?

–¡Ah!, pues los poderes para uno de mis adjuntos. Ya sabes que hemos creado una nueva unidad de gestión y este muchacho es quien asumirá la responsabilidad de una parte de ella. Es un excelente profesional y seguro que nos va a ayudar a mejorar drásticamente la rapidez de atención y pago de indemnizaciones.

–¡Bien, bien!; me gusta que demos oportunidades a los jóvenes que trabajan duro y responsablemente con nosotros. Tenemos personas muy preparadas... ¿pero este?

–¿Sucede algo? –se azoró.

–¡No, nada! Es que ¿esta persona no es la que estaba destinada en Vega de Corcojuelos? –recordaba su nombre entre otras cosas por la anécdota acontecida tiempo atrás.

–¡Sí!

–¡Anda! ¿Y es que le ha pasado algo en el viaje?

–¡No!, ¿por qué?

–Hombre, cuando estaba allí destinado me dijiste que no se le podían delegar más funciones so pena de poner en riesgo el control. ¿Y ahora le otorgas poderes casi similares a los tuyos?

–¡Es que va a estar a mi lado y va a ser mi ayudante!

–¡Ah! ¿O sea que estar a tu lado hace que irradie responsabilidad y estar lejos desconfianza? ¿Acaso tienes propiedades singulares en tu halo?

Con un balbuceo y una sonrisa se acabó aquella entrevista. Creo que fue mi carcajada final la que le ayudó a entender definitivamente lo que yo le venía sugiriendo desde hacía meses.

¿Se me entiende?

Siempre, quizá por mis inicios y experiencias directivas en la pequeña y mediana empresa, he creído más en los criterios y en los valores que en las normas y los procedimientos. Establecer criterios es marcar el terreno de juego y los principios con los que moverse. No hay normas capaces de regular todas las alternativas y, si los principios fallan, el «todo vale» se apodera de la organización. Los criterios orientan la mente de las personas, pero les permiten tomar decisiones dentro de ellos. Las normas encorsetan el comportamiento y en general solo justifican el hacer burocrático.

Los criterios y los principios garantizan mejor los comportamientos honestos que la normativa, y además permiten más flexibilidad.

Pero no quedó ahí la cosa. Un tiempo más tarde pasé por el despacho del director de Siniestros. Estaba firmando ejemplares de esos que llevan otras cinco firmas previas. Me senté con él y le pedí que me explicara de qué trataba el asunto que firmaba. A las pocas preguntas que hice me di cuenta de que tenía solo un ligero conocimiento de lo que firmaba y que lo hacía porque se lo había pasado a la firma su ayudante, así que llamamos a este para que nos aclarara algunos detalles. Tampoco él pudo aclarar demasiado porque firmaba lo que había recibido del administrativo de gestión de Siniestros. También lo llamamos y este sabía algo más del asunto, pero aún había sustanciales lagunas en cosas esenciales. Firmaba porque lo había recibido firmado por el director territorial. Aquel despacho parecía ya el «camarote de los Marx». Estábamos cinco y aún no habíamos encontrado al que de verdad sabía del asunto. El territorial también «tocaba de oído» en aquella cuestión. Aún tuvimos que descender dos escalones más para llegar al que realmente tenía un conocimiento profundo de lo que había sucedido y de las gestiones que se habían llevado a cabo.

Después de todo aquel despliegue salí riéndome de aquel despacho. El incidente tuvo bastante resonancia interna y por fin crearon nuevos procedimientos basados, no solo en aportar seguridad, sino además valor añadido por los firmantes.

No hubo de pasar mucho tiempo desde mi entrada en aquella compañía para notar que el estilo de mi antecesor en la dirección había sido algo distante y frío con todos salvo con quienes conformaban su equipo más directo. Los «suyos contra los demás». Siempre me ha parecido una de las mayores estupideces que se pueden cometer en dirección: excluir opiniones y habilidades por el rango que ocupan las personas. Había tenido algunas experiencias al respecto y no quería volver a repetir los errores cometidos. Lo primero que hice al entrar fue un plan, organizado por mi secretaria y el director de Recursos Humanos, para poder conocer y saludar a todo el personal del edificio de central donde nos ubicábamos y luego un plan de viajes para poder hacerlo en las territoriales y oficinas que fuera posible. Fue mi primera decisión y en absoluto resultó baldía. Cuanta más gente conocía, más me gustaba el estilo de las personas y el ambiente que se respiraba. También pude hacerme idea de primera mano de algunas de las dificultades que afrontaban en su trabajo y de las prioridades desde el punto de vista de organización, tecnología, apoyo a redes, trámites burocráticos, etc. Aprendí muchas cosas. Y creo que esa primera impresión entre todos nos ayudó mucho para desarrollar la energía que esa empresa guardaba en su interior y que, si sabíamos coordinar y explotar, nos llevaría a conseguir las metas propuestas.

Conseguir cercanía con las personas no significa generar favoritismos ni está reñido con el orden y la disciplina, que son valores fundamentales. Mantener la seriedad y romper distancias genera un ambiente de respeto en el que pasar las muchas horas que entregamos a nuestro trabajo. Debo confesar que aquel interés por las personas no era ninguna artimaña ni una pantalla con la que construir una imagen sino algo que hice con sinceridad y que me hizo admirar muchos de sus modos de hacer. No me gustan las ambigüedades.

Ni el respeto, ni la disciplina, ni el nivel de exigencia
se rompen por la cercanía personal.

Capítulo 14. Gestión de trayectos

La vida de la empresa es muy larga y la carrera profesional de las personas también lo es y está sujeta a muchos avatares. Las corporaciones son agitadas y el hecho de que hoy te encuentres en una posición de privilegio no supone que esta esté garantizada en el futuro. Los buenos y los malos vientos tienen vida propia. Un viento favorable puede catapultarte hasta las nubes, del mismo modo que un imprevisto desfavorable o una enemistad no querida ni buscada ni deseada puede hacer aparición y provocar el derrumbe de lo que parecía un sólido suelo bajo tus pies.

> El único viento que permanece es el de la recta conciencia.

Muchos de quienes viven en las cumbres suben y bajan más por vendavales y tempestades que por el acierto o no de sus decisiones. La «conveniencia» juega un papel trascendental. Puedes haber dado mucho dinero a ganar a tu empresa, haber hecho grandes negocios para ella, pero si en un momento no interesas, puedes verte degradado sin razón objetiva para ello. De igual modo, puedes haber cometido torpezas que, si le convienes a alguien que puede decidir, podrías encontrarte en las nubes sin siquiera sospecharlo.

La vida profesional es larga y está pensada para fondistas. Vale más la resistencia que el *sprint*.

Sin embargo, la calificación y medición de las personas se hace con criterios cortoplacistas y de inmediatez. Se asignan objetivos y se mide el cumplimiento o desviación de los mismos para en base a eso evaluar su rendimiento.

En mi experiencia personal siempre he tenido objetivos que cumplir, por supuesto. Pero debo confesar que nunca les he concedido demasiada importancia. Ni me batía contra mis jefes por reducirlos ni los recortaba cuando veía que se iban a superar para «guardar gasolina» para el siguiente ejercicio; ambas, prácticas muy comunes.

Tampoco nunca me ha gustado agobiar a mis equipos con el seguimiento de los objetivos. Por supuesto que los tenían, pero siempre he estado convencido de que al igual que aflojar la tensión en demasía induce al aburguesamiento y la abulia, un exceso de presión atrofia la inteligencia y conduce al bloqueo.

> Hay que ser muy sensible para saber situar el nivel de tensión que una organización requiere y no caer ni en el conformismo ni en la histeria.

Ese sentimiento lo he tenido muchas veces. Mis mejores jefes han conseguido que mi energía aflorara y brotara con intensidad y entusiasmo. Los jefes más inútiles con los que he convivido estaban obsesionados inútilmente con presionarme y hasta tratar de angustiarme con el seguimiento de objetivos.

Recuerdo que a uno de ellos llegué a decirle frontalmente: «No continúes presionándome más ni pretendiendo angustiarme con ello porque me importa 'tres pitos'. Yo haré las cosas lo mejor que pueda siempre y si se llega a objetivos perfecto y si nos quedamos por debajo lo sentiré, pero no me reprocharé nada en conciencia, y si los supero tampoco espero alabanzas inútiles. Quiero alguien a quien valore y respete para trabajar con él». Y no, no me costó la calle pronunciar esas palabras ante aquel jefe-zángano que tuve que soportar y del que ya he hablado.

Algo en mi personalidad o mi educación me ayudó a ser capaz de aislarme ante esas situaciones de presión por objetivos. Tal vez mi cultura montañesa bastante sesgada hacia la vida bohemia. O las enseñanzas de mi familia a no tener miedo a la vida y ser feliz con mucho y con poco, «porque en eso encontrarás una gran felicidad», como me decía mi padre. La sonrisa no es propiedad exclusiva de los ricos. Ver a personas que lo tienen todo agobiadas por tener más me da pena.

> El futuro está muy próximo y es mejor no tenerle miedo.

Cuando uno llega a la cúspide de una organización tiende a olvidar los sentimientos que tuvo en ciertas situaciones y eso lo aísla de sus colaboradores. Afortunadamente, mi afición a caminar por las montañas me permitió enfrentarme con la insignificancia de lo humano, a relativizar el valor de las conquistas y a valorar las aportaciones para las personas. La obra empresarial solo tiene sentido si sirve de ayuda para el progreso y el desarrollo de las personas. En caso contrario, si su único foco es conseguir mayores beneficios, es un absurdo entregarle tanto esfuerzo y sacrificio.

Si el arte de dirigir era para mí el mayor privilegio que puede tener una persona, pues significaba tener la posibilidad de ayudar a extraer la mayor energía positiva y los mejores valores de las personas, era porque siempre he procurado dar sentido a mis acciones. No me ha gustado aquello de la «soledad del directivo». Me ha resultado más práctico y eficaz compartir decisiones y tener relaciones abiertas con mis equipos respetando la lealtad, que para mí eso se define como «poder decirle al jefe hasta a aquello que no le gusta oír pero en el «bienentendido» de que si toma una decisión contraria a lo que pensamos, la aceptaremos y llevaremos a cabo».

Una empresa se construye con la vida de muchas personas y de muchas familias que entregan su impagable esfuerzo y tienen derecho a ser felices. Angustiar a las personas es una forma de romper ese humanismo imprescindible, al igual que actuar desdeñosamente es igualmente una ofensa para el resto de colegas y compañeros.

La vida en la empresa es un esfuerzo permanente para tratar de conseguir nuevas metas y aspiraciones. Los objetivos son los picos a los que nos proponemos ascender, pero el propósito final es el de atravesar una cordillera inacabable. Por eso genera mayor energía crear la voluntad y el ánimo de «hacer las cosas bien» que el simple mandato de «conseguir los objetivos». Cuando nos focalizamos en hacer las cosas lo mejor posible, estamos enfocando nuestra energía en «disfrutar con el reto del trayecto». Cuando nos enfocamos en conseguir el objetivo dejamos un hueco mortal a que se libere el «todo vale para conseguir el fin». Aquello induce a la innovación. Esto a la complacencia conformista.

El inconsciente de las personas no se encuentra inactivo, sino que cada día hace a la persona varias preguntas: ¿Por qué trabajas? ¿Para qué trabajas? ¿Para quién trabajas? ¿Con quién trabajas? ¿Cómo trabajas? Ese persistente machaconeo actúa sobre la voluntad y el entusiasmo de las personas. Si la respuesta es positiva, el empuje de las personas se movilizará por la ilusión. Si es negativo, el virus de la pasividad o la indiferencia penetrarán en la organización.

> Enfocarse en el trayecto y el bien hacer permite
> generar ilusiones, el objetivo. El futuro es
> incertidumbre.

El interior de los seres humanos busca una cierta trascendencia para sus vidas. De ahí la importancia de esas preguntas.

El «¿por qué trabajo?» puede tener una respuesta muy pobre y básica si se corresponde tan solo con... «para ganarme la vida y sobrevivir». Suele relacionarse con las posiciones más básicas y las que ofrecen el porvenir más previsible y elemental en la vida. Las personas que se responden a eso tienen escasas perspectivas o ven muy limitado su horizonte. Suelen situarse en posición de búsqueda de nuevos proyectos o en situación de acomodamiento y rendimiento anodino, equivalente a las perspectivas de desarrollo que perciben. Viven con sus aspiraciones truncadas por la más diversas causas.

Con el «¿para qué?», las personas analizan si su actividad tiene algún valor, además del valor material que les reporta en forma de remuneración o salario. Cubre el sentimiento de «participación» e «identificación» con lo que se hace y la actividad que se desarrolla. Si no se le encuentra sentido sustancial la energía proactiva no se desarrolla o se queda aletargada.

El «¿para quién?» se relaciona directamente con la «admiración y respeto» que se siente por la organización y su estamento jerárquico. ¿Vale la pena trabajar para esta organización? es la pregunta de fondo que se hacen. Aquí juegan un papel trascendental los juicios de valor y el ejemplo que se percibe de los diferentes cargos de la pirámide. La percepción de honestidad y de una estructura de valores organizativos e institucionales, además de los personales, especialmente de los directivos, sólidos, son un activador energético. Cuando se dan respuestas confusas, inciertas o dudosas, el sentimiento de integración desciende y la energía contributiva también languidece.

El «¿con quién?» se relaciona con la atmósfera o ambiente relacional que existe en el trabajo. Si el clima es de compañerismo, responsabilidad, trabajo en equipo y coordinación, la actividad se multiplica, se siente uno «a gusto» trabajando y se ven los frutos del trabajo que se ejecuta. Los climas de cerrazón, aislamiento, acomodamiento, sometimiento jerárquico, amenaza permanente o dejadez, hacen que la energía disponible se transforme mayormente en pasiva o en desperdicio.

El «¿cómo hacemos las cosas?» refleja la sensación de «voluntad de mejora», de «esfuerzo por el perfeccionamiento», de «participación en planes de mejora», tanto en procesos como en productos, atención a clientes, gestión e integración de proveedores, etc. Las sensaciones de «perspectiva de empresa» dentro del mercado, de agilidad y adaptabilidad, de estabilidad futura y de capacidad de generar dinámica y nuevos proyectos son sustanciales en esta calificación. ¿Recibo valores intangibles que me compensan?

Las respuestas a estas preguntas bullen en las cabezas de las personas que conforman las organizaciones. Si las respuestas que perciben son positivas, su grado de satisfacción con el proyecto de su organización y las personas que la representan será elevado, y todo eso es alto octanaje para sí mismos como personas y como profesionales. Si las «sensaciones» respecto de estas calificaciones son de «suspenso», y, sobre todo, si no existen visos de interés por llevarse a cabo una transformación, la pasividad, el desasosiego o la rendición que soterrada o descaradamente reducirán la actividad de la organización.

Quiero significar que me he venido refiriendo a «percepciones» de las personas, es decir, a las sensaciones que las personas reciben por diferentes canales. Los calificadores son los individuos en base a sus propios criterios de evaluación. Esas percepciones son «emitidas» por la organización como ente por parte de las personas que conforman sus cuadros de jerarquía y mando, y por las inter-relaciones entre colegas, compañeros y subordinados. Están referidas tanto a la valoración de contenidos como especialmente al modo en que se convive y a las perspectivas de desarrollo. Por lo tanto, los valores intangibles toman especial protagonismo; pueden ser «manejados» por las empresas, las instituciones o las organizaciones, pero jamás pueden ser impuestos por ellas. Hay que manejar elementos de gestión mucho más sofisticados y complejos que las simples instrucciones operativas.

Siempre me ha parecido un atrevimiento ridículo tratar de movilizar y obtener lo mejor de personas inteligentes e interesantes simplemente proponiéndoles como reto «conseguir que la organización obtenga mayores beneficios». Las personas necesitan un proyecto más trascendente en sus vidas. Por eso trabajar con la ilusión de crear camino es mucho más potente que simplemente el hecho escalar cimas. Todos alguna vez hemos sentido la «insatisfacción» de conseguir una meta y el vacío que produce enfrentarse a él. ¿Y ahora qué? ¿tanto esfuerzo para esto? El fin de mi carrera universitaria me produjo esa sensación.

Esas reflexiones alentaron mi estilo personal de dirección. Siempre he supuesto que si yo me hacía esas preguntas y buscaba respuestas saludables, las demás personas también desearían algo similar, y en este caso era mi responsabilidad tratar de que el clima perceptivo respondiera satisfactoriamente a dichas expectativas.

Capítulo 15. El desarrollo y el peso de lo intangible

Al margen de mis responsabilidades en seguros, me sorprendió cuando se me demandó que colaborara formando parte del Consejo de un innovador proyecto bancario. Una idea muy creativa que desarrollamos en un mercado enormemente maduro como el financiero español. Se trataba de ayudar a diseñar y colaborar en el desarrollo del primer banco por teléfono que se implantaba en España. El proyecto era extraordinario, realmente imaginativo, y pretendía abrir brecha en un futuro que se empezaba a vislumbrar borroso y confuso para la banca tradicional. Situarnos en ese nuevo modelo suponía formar parte de la avanzadilla rupturista en algo tan tradicional como la banca.

Me sentí francamente halagado y entusiasmado con aquel proyecto formado todo por gente muy joven y abierta a experimentar nuevas fórmulas de atención. Debo significar que no faltaron los pájaros agoreros que pronosticaban rotundos fracasos incluso antes de comenzar. Estos frecuentes personajes instalados en la poltrona intelectualoide de la no colaboración hacen dramáticos pronósticos, y cuando se les requiere para hacer alguna modificación o sugerencia positiva, tampoco hacen ninguna. Son los detractores *«per se»* aletargados en la «masa corporativa». En una pequeña empresa no hubieran sido capaces de sobrevivir al menor envite porque allí poner en marcha continuamente nuevas ideas y tener cintura es imprescindible.

Era un proyecto ambicioso diseñado con recursos escasos que inicialmente contemplaba un plan de maduración capaz de ofrecer beneficios entre los cinco y siete años de su puesta en marcha. Las cosas se fueron haciendo con interés e ilusión, pero aconteció algo muy latino: al año de su creación ya empezó a haber quienes, olvidándose de la decisión de inversión que le había hecho nacer y ser autorizado, reclamaban que aquel proyecto diera beneficio.

Los torpedos y la falta de criterio y consistencia de esos personajes me han parecido siempre uno de los mayores cánceres del *management*. La tolerancia cero con estas formas de actuar y con sus protagonistas es imprescindible.

> La precipitación es una de las mayores causas de fracaso en las actividades empresariales.

Y, sin embargo, el post-modernismo con su permanente inquietud y ansiedad se empecina en ese comportamiento. Como si el mundo se fuera a acabar mañana. ¡Cuánto he recordado en esos momentos las enseñanzas de paciencia y persistencia que me enseñaron los hombres del campo!

Hubo muchos aciertos y se cometieron errores estratégicos, pero tan solo derivados de su probable visión excesivamente anticipada de un futuro que habría de llegar. Fue una magnífica experiencia complementaria a mi tarea principal.

Por otro lado, el banco público del que formaba parte la aseguradora que dirigía se erigió como la cabeza bajo la cual se unificarían los diferentes bancos públicos especialistas que existían para conformar entre todos y por sumatorio un gran grupo financiero que, posteriormente, siguiendo las reglas de la Unión Europea (de obligado cumplimiento tan solo para algunos países como ha quedado patente) se habría de privatizar como fórmula de reducir el proteccionismo y el peso de las inversiones públicas en diferentes sectores.

Las primeras aproximaciones dieron como resultado que cada banco tuviera su propia compañía aseguradora especialista en los riesgos específicos de su segmento. La nuestra, al ser la más completa, la de mayor tecnología y la más extensa y con mayor nivel y amplitud de conocimientos, fue la elegida para formar la cabecera sobre la que ir encajando todo el puzle que se iba a organizar.

De ese modo, las fusiones de banca y seguros se separaron y cada uno nos ocupamos de nuestras responsabilidades. Fue un proyecto interesantísimo, aunque no exento de tensiones y luchas de poder en las altas esferas, lo que mucho ha perjudicado y llevado a la ruina a tantos grupos empresariales. Con ciertas dosis de mano izquierda para procurar no hacer daño y mantener al tiempo firmeza, fuimos capaces de capear el temporal y llegar a crear una estructura estable y con proyectos bien definidos que tenían buen encaje entre sí y mantenían cierto grado de especificidad para el modo de hacer de cada proyecto, fundamentalmente según los tipos de distribución (banca, agentes, tele-directo, etc.)

El rediseño de estructuras y organigramas, procedimientos, integración de sistemas de información, y sobre todo de personas de forma masiva, fue una nueva y notable experiencia que acabó conformando un excelente entramado asegurador mucho más poderoso y con más presencia y prestigio en el mercado. Fueron muchos los que se interesaron, tanto a nivel nacional como internacional, por conocer nuestros procesos, y realicé muchas ponencias en los más diversos foros que me dieron mayor notoriedad sectorial. Éramos «foco de interés» en Europa.

La reagrupación de toda la banca pública y aseguradora para la creación de un gran conglomerado financiero público fue una de las operaciones de ingeniería organizativa y financiera llevadas a cabo en España. Tuvo un enorme predicamento también en otros países de Occidente, tanto de Europa como de Hispanoamérica, donde se interesaron enormemente por el nuevo modelo que se estaba dibujando. Hay que tener en consideración que uno de esos bancos, el de mayor prestancia y ámbito geográfico, venía a actuar a modo de embajada económica de España por el mundo, y que por consiguiente las personas que allí trabajaban disponían de contactos relevantes y amistades influyentes en muchos de aquellos países. Analizando su cultura se podía observar que la de este banco era una organización elitista formada por personas que venían a desarrollar una especie de diplomacia financiera en diferentes partes del mundo. En mi opinión esa cualificación no fue entendida ni valorada ni, en general, aprovechada.

La nueva alta dirección financiera, con una buena formación pero exclusivamente en banca comercial privada, tendía a valorar casi en exclusividad los negocios provenientes del negocio con particulares. Para ello se hacía imprescindible la capilarización de oficinas por todas las regiones del país y en eso se focalizaron la mayor parte de los esfuerzos e inversiones. Además, esa tipología de trabajos era sobre lo que más se alardeaba tanto en las convenciones masivas como en la reunión directiva lo cual creó desmotivación, desimplicación y desentendimiento por parte de muchos de los empleados cualificados y especialistas en comercio exterior entre países y grandes empresas. Tuve la impresión de que al no entenderse ni valorarse su misión ni conseguir identificarse el alto mando con ella, no se supo aprovechar, generándose una inmensa cantidad de energía desperdiciada en aquellas unidades bancarias clásicas.

> Cuando solo valoramos lo que es más rentable hoy cerramos las puertas a las opciones de rentabilidad potencial que tienen otros proyectos.

Querer transformar de la noche a la mañana a personas con una dilatada carrera en la creación de lazos de comercio exterior y relaciones diplomático-económicas para la trasferencia de grandes inversiones en empleados dedicados al minoreo en oficinas, me pareció un doloroso error estratégico. La riqueza no está solo en todo lo que produce beneficio sino también en lo que genera sustratos relacionales de oportunidades. Aquella vulgarización creo que supuso una gran pérdida para España y la dilapidación de entramados de trabajo gestados durante muchos años, trabajo muchas veces soterrado y casi siempre no llamativo.

Como tantas veces, quizá el fondo fuera incuestionable pero no se supieron gestionar ni el tempo ni los modos de hacer.

Pero habíamos entrado capitaneando la era del «beneficio para ayer». La de la precipitación y el cortoplacismo.

Así lo expresé en muchos de los comités corporativos y sentí que se me miraba bien como un bicho extraño, tal vez por atreverme a expresarlo, o como una persona no especialmente integrada en el nuevo proyecto. Niego ambas cuestiones. Lo de explicar opiniones críticas me parece, no solo un derecho, sino un deber de lealtad para con el jefe. No hay mayor lealtad que explicar claramente hasta aquello que no le gusta oír en el «bienentendido» de que una vez considerado y tomada una decisión, aunque sea contraria a la opinión expresada, se implante por honestidad y disciplina hacia su rango y persona. Me parece mucho más sana y productiva esta opción que la de elogiar aquello en lo que no se cree, bien por temor o por adulación, y hacer las críticas de forma oculta a la salida. Esto mismo explica también lo de la integración en el proyecto global. Fui fiel colaborador desde las áreas aseguradoras de los rumbos que se marcaban, aunque debo también decir que rebelde con algunas políticas por resultar impracticable su aplicación al sector asegurador. En general fui más aceptado que comprendido. Los resultados positivos que obteníamos nos permitían ciertos «caprichos» en cuanto a la autonomía de la gestión, pero podía observar cómo algunos de los ejecutivos se sentían molestos de que aquella unidad, a pesar de tener los mejores ratios de innovación y eficiencia, tuviera tanta libertad y se escapara a su control casuístico.

> Las grandes corporaciones están mejor pensadas para el sometimiento a los procedimientos y la jerarquía ciega que para la inteligencia creativa.

El papel de la envidia y la mediocridad en los foros del poder explica muchas actuaciones incomprensibles, aunque no por ello infrecuentes.

Mi tesis no era la de mantener unidades improductivas sino la de saber obtener rendimiento en el corto y el largo plazo de las unidades especialistas y de alto valor añadido de las que disponíamos. No me oponía a la fusión sino a una gestión uniforme y no diferenciada para cada una de ellas según sus especificidades. Yo mismo, cuando me ponía el gorro de responsable de la industria aseguradora, me sentía con frecuencia incomprendido. Se me valoraba más por mi persona que por las realizaciones de las personas que trabajaban en aquella unidad y aquello me revolvía porque era injusto. Había muchos deseos de algunas personas de «toquetear» la gestión, eso sí, desde la sombra, para evitar responsabilidades, y frente a eso impuse mi estilo de «espíritu libre» en la toma de decisiones y el blindaje frente a aquel poder corporativo que se estaba fraguando, conformado en gran parte por funcionarios burócratas que, exentos de responsabilidades en la gestión, querían sentirse distinguidos mediante la implantación de procesos mecánicos de información que exhibir en comités asumiendo el rol de jueces y no el de impulsores.

Vi a muchas personas, que sobre el papel tenían un perfil valioso, convertirse en vulgares lacayos o recaderos del poder, dejando que su posible brillantez se truncara en el fango del elogio y la adulación.

Aunque con las uniones de todas las compañías aseguradoras habíamos logrado conformar un grupo con menos costes y más eficiente, estaba claro que, dados los tiempos que corrían, necesitábamos un mayor dimensionamiento en volumen. Explicar a los funcionarios bancarios la necesidad de capitalizar el grupo asegurador para, de ese modo, obtener recursos con los que asumir la comparativa con alguna compañía relevante, era tremendamente complicado. Por el contrario, les interesaba que les aportáramos el mayor dividendo anual por lo que no podíamos contar siquiera con nuestra propia generación de recursos. Una vez más se mostró muy claramente que en la mente de la nueva banca lo de las inversiones con rendimientos a futuro y en el largo plazo no tenía predicamento y no obtuvimos su apoyo para ampliar capital, lo que nos hizo perder excelentes oportunidades de compañías que se encontraban dispuestas a ser adquiridas en el sector por resultarnos imposible acceder al desembolso que esas compras suponían. Con nuestros medios nos pusimos manos a la obra para adquirir dos compañías de no excesivo calado a las que podíamos acceder con nuestras propias fuerzas.

Los procesos de gestación de esas adquisiciones fueron muy interesantes. Ya en mis tiempos de empresario había comprado algunas compañías o negocios y había aprendido algunas lecciones. La más importante de todas ellas era que una integración es una cuestión que va mucho más allá del necesario dibujo financiero. Lo importante no es que los balances sumen sinergias sobre el papel, lo cual es necesario, sino que además se debe permitir que los elementos intangibles puedan cuajar para lograr el máximo aprovechamiento de la globalización de estructuras. Y, además, que los resultados no se perciben en el plazo inmediato sino a lo largo de un proceso de varios ejercicios, dependiendo de la capacidad de integración, digestión de las organizaciones, y permitiendo que el nuevo diseño aporte un efecto multiplicador en el grupo en diferentes factores clave.

Detectamos dos oportunidades factibles en el mercado y nos dispusimos a analizar su posible integración. Tras los primeros contactos e intercambio de informaciones, ambas empresas eran digeribles y aportaban valor añadido a nuestro balance y resultados. Las diferencias de opinión surgieron tras el proceso de *«due diligence»*. Los números cuadraban para nuestros propósitos, pero tras los contactos con los equipos directivos y el personal clave, nos dimos cuenta de que ambos proyectos eran muy distintos. Si bien una de las compañías me pareció fácilmente asumible y con personal muy colaborativo y dispuesta a integrarse en el nuevo proyecto, la otra era en general díscola, indisciplinada y compuesta de personas de menor cualificación y agentes acostumbrados a tener una autonomía en decisiones y que difícilmente aceptarían la integración. Esa había sido precisamente la causa de que se encontraran en venta y en situación delicada. Dicho de otro modo, mis equipos y yo mismo tuvimos un buen *«feeling»* con la primera de ellas, que era la de mayor volumen, mientras que con la segunda nos sentimos incómodos. Eso nos llevó a discusiones amistosas y a arduas controversias entre el que entonces era mi presidente, que deseaba realizar ambas operaciones por cuestión de balance financiero, y yo, que me oponía a una de ellas por las razones que he expresado. Es cierto que este tipo de razones no son demostrables con datos y se fundan más en impresiones, las cuales pueden parecer hasta caprichosas, pero como empresario había comprobado que las «intuiciones» deben ser respetadas.

Las intuiciones tienen importancia en los negocios.

Finalmente, y al no haber acuerdo entre nosotros, puse sobre la mesa mi definición de lealtad, de la que ya he hablado, y le expresé que aquello no podía convertirse en un conflicto entre nosotros. La decisión final sería suya, y si él optaba por llevar a cabo ambas adquisiciones, mi equipo y yo haríamos todo lo posible por lograr el mayor aprovechamiento de las mismas trabajando con la mayor honestidad y, si cabía, con mayor empeño en aquella que a nuestros ojos nos parecía menos aceptable. Además era un excelente profesional con una cabeza magnífica al que yo respetaba y admiraba por muchas razones.

El resultado fue que con la primera compañía, la mayor de ambas, logramos una integración rápida y sin graves conflictos, mientras que con la segunda las dificultades fueron extremas, las discusiones y luchas intensas, las auditorías costosas y demostraron muchos mayores problemas técnicos escondidos bajo la alfombra, y los resultados mucho más deficitarios. Encontramos además pérdidas ocultas que nos habían ocultado conscientemente. Nos significó un sensible mayor esfuerzo lograr unos mínimos resultados.

Siempre me ha parecido que lo más difícil de llevar a cabo es la integración cultural entre las personas; las desavenencias iniciales, por prejuicios o malas percepciones, han sido la ruina de muchas fusiones.

Las decisiones excesivamente fundadas en cálculos financieros y técnicos sin tener en consideración otros factores intangibles son causa de mortandad de proyectos a priori interesantes.

Capítulo 16. Ilusiones

Digamos que ese proceso de ampliación de volumen mediante operaciones externas, tanto por falta de apoyo del socio capitalista como por el modo de integración de los proyectos adquiridos, fueron una de las lecciones aprendidas sobre proyectos fallidos o que no conseguimos llevar a cabo con la intensidad necesaria. Visto que el «efecto socio bancario» nos impedía capitalizarnos para crecer, exploramos otras opciones, tanto en España como en el extranjero.

Otro proyecto lamentable –en este caso mucho más trascendente y que hubiera conseguido un significado valor para la estructura económica sectorial y la posición estatal– fue el siguiente. Como ya he comentado, el Estado tomó la decisión de llevar a cabo la integración de todas las entidades financieras de su propiedad en un solo proyecto. Una vez que este estuvo suficientemente maduro, se consiguió el propósito deseado entre todas las empresas que, directa o indirectamente, estábamos vinculadas al Ministerio de Economía. No obstante, había otra prestigiada sociedad que había sido creada para asumir y gestionar los riesgos industriales de todas las empresas nacionales. Su negocio mayoritariamente estaba conformado por riesgos industriales, muy complementarios con nuestro grupo, que tenía una composición de cartera tanto de riesgos industriales como particulares, personales, etcétera, pero con más tipologías de redes de distribución diferenciadas; sin embargo, no tenía el mismo volumen en el sector industrial. Ambas formábamos dos grupos potentes y muy reconocidos.

Iniciamos los contactos extraoficiales para una primera aproximación y comprobamos que la compatibilidad era más que factible como habíamos previsto. Los contactos fueron afables y la complementariedad de los negocios permitía una integración estructural relativamente sencilla. El hecho de llevar a cabo ese proyecto hubiera supuesto estratégicamente algo tan extraordinario como el hecho de haber creado una gran aseguradora estatal, al modo de las existentes en Francia o en otros países europeos, con gran dominio sectorial y que posteriormente hubiera podido ser impulsada en Bolsa y en los mercados financieros obteniendo el Estado suculentos ingresos por la venta de acciones. Todo parecía encajar y se decidió dibujar una primera presentación para elevar los contactos entre los estamentos ministeriales y conseguir la imprescindible autorización. Aquello chocó con el enfrentamiento entre dos ministerios: Economía e Industria, que por cuestiones de poder desmontaron la posible estrategia aseguradora. Fue lamentable y supuso una de las decisiones más dañinas y dolorosas que he vivido. Ver cómo por rencillas y egos políticos se desaprovecha una oportunidad extraordinaria para tu país se hace difícil de digerir y entender. Aquello fue despreciable.

Continuamos nuevas vías de exploración de oportunidades. La fiebre de la privatización de lo público comenzó en España impulsada por gobiernos socialistas y continuada por gobiernos de derechas. Amparados tras las obligaciones que exigía Europa, se comenzaron a diseñar ofertas públicas de acciones que pretendían la salida a Bolsa de empresas públicas. Las joyas de la corona, que se habían creado con el esfuerzo, el dinero, la energía y el conocimiento común, se subastaron a los mejores postores. Eso permitió, a cambio de perder su patrimonio, obtener ingentes beneficios al Estado y pingües ganancias a la clase política y financiera, al tiempo que atraía poderosas inversiones extranjeras. El motor de la economía se engrasó y la dotó de combustible de alto octanaje creándose una sensación de poderío, y enriquecimiento fácil que ocultó debates y preguntas sobre cuál era el impacto y el destino hacia el que todo eso conducía. Se le llamó «modernización» y tras ese emblema se dio alas al juego del «todo vale» si económicamente compensa.

Una de las estrategias que intentamos fue el diseño de operaciones de intercambio de acciones entre empresas públicas en procesos de privatización de España con otras en igual situación de otros países. Tuve la oportunidad de, a través de contactos en el mundo asegurador internacional, participar y capitanear estas conversaciones. Recuerdo una que desarrollamos en Francia y que nos llevó a muchos intercambios con directivos de otro gran grupo financiero galo que, estando en situación similar a la del nuestro, parecía un candidato inmejorable para intercambiar intereses financieros y que llegara a convertirse en uno de nuestros accionistas de referencia. La propuesta era realizar un intercambio en base al cual ellos ingresaban en nuestro capital y nosotros lo hacíamos en el suyo. Debo reconocer que desde el primer momento hubo un excelente entendimiento entre sus representantes y nosotros. Por nuestra parte asistíamos dos personas de alto nivel ejecutivo y poder, al igual que por la suya; unos representando a la banca y otros a los seguros. Esbozamos además muchas oportunidades de colaboración mutua transfiriéndonos y mostrándonos sin reparo fórmulas de trabajo, desarrollo de nuevos canales, sistemas de incentivación y desarrollo, etc. Hicimos muchas visitas y mantuvimos conversaciones, tanto en París como en otros puntos del territorio francés, y lo mismo hicimos en nuestra sede de Madrid visitando algunos proyectos en oficinas de otros puntos de España. Llegamos a elaborar algunas alternativas de cooperación y desarrollo muy interesantes e innovadoras de las que ambas partes obteníamos rendimiento y transferencia de *«expertise»*.

El diseño iba, por tanto, muchos más allá que convertirnos en accionistas mutuos: seríamos asociados en tecnología, proyectos, innovación, etc.

Estábamos ilusionados con aquel posible desarrollo, que se vino abajo una vez más porque, en este caso los políticos franceses, ralentizaron sus procesos de toma de decisiones tratando de evitar su compromiso con la Unión Europea de privatización de las empresas públicas. La presión privatizadora era asimétrica: mientras que para algunos países se exigía inmediatez o nos la autoimponíamos nosotros absurdamente, a otros se les toleraba dejación, laxitud y dilación. No creo que las habilidades de nuestros políticos o sus intereses partidistas favorecieran a España. Nosotros no solo aceptamos el desequilibrio, sino que lo fomentamos acelerando nuestras opciones y no sabiendo retranquearnos hasta lograr el equilibrio estratégico. Personalmente me defraudó el entreguismo de nuestra clase dirigente.

Los equipos promotores de ambas corporaciones internacionales quedamos disgustados y decepcionados con la situación porque había muy buena voluntad en aquella operación, aunque continuamos manteniendo unas extraordinarias relaciones personales e incluso colaboramos tanto en la implantación de algún proyecto como en el diseño de productos financiero-aseguradores, que resultaron muy interesantes y productivos. La cosa quedó bloqueada pero al menos todo el trabajo no fue en vano.

«Cuando no se sabe hacia dónde se va, no se puede sacar el billete». Aquella frase que tanto empleaba uno de mis primeros jefes, una vez más se había hecho realidad ante mis ojos. Lo dramático es que, por no tener las decisiones previas, se consume energía innecesaria y se desperdician valiosos esfuerzos.

Esos proyectos fracasados o abortados forman parte también de mi trayectoria personal y profesional, de las oportunidades y aprendizaje que la vida me ha puesto delante. Honestamente me hubiera gustado ser capaz de verlos florecer, pero tal vez no supe mover los hilos necesarios de forma adecuada para conseguir que vieran la luz.

Sin embargo, no es la primera vez que he visto, en primera persona o colateralmente, cómo por «luchas políticas», o lo que a mi parecer son intereses bastardos, proyectos que hubieran resultado muy beneficiosos para el Estado, frustrados. Lamentablemente somos una sociedad sobrada de políticos de «mitad al cuarto» y faltos de estadistas con visión de Estado y generosidad de comportamiento. No en vano fuimos los inventores de la guerra de guerrillas, que encaja bastante con el carácter hispano más generalizado.

Tampoco la visión de largo plazo ni la profundización en los asuntos ha sido —salvo honrosísimas excepciones que conforman la regla— una característica de nuestros mandatarios, más bien caracterizados por el cortoplacismo, la ligereza y el oportunismo. Y eso hace muy difícil de entender un sector como el asegurador. Además, el hecho de que por aquel entonces el número de compañías operadoras en el mercado alcanzara una cifra de en torno a 700 mitigaba su capacidad de conocimiento e influencia. Por aquel entonces aún era incipiente la oleada de integraciones mediante fusiones y adquisiciones, que más tarde se desbocaría y construiría un sector mucho más consolidado.

Capítulo 17. El redescubrimiento de América

Si algún defecto tiene un país tan nervioso como España, además de padecer la «picadura el alacrán», que le hace agredirse a sí misma, es su visión cortoplacista del mundo. Agota su energía en atajos en vez de trazar líneas de largo recorrido hacia el horizonte. La tendencia a ver una cumbre sin atender a que la vida es más una cordillera en la que detrás de un pico viene otro que hay que remontar hace que se enfoquen mal los rumbos o que se exija demasiado desgaste que luego deteriora la oportunidad de continuar. Por eso tiene tanta trascendencia meditar antes de decidir a dónde queremos ir.

> En la cordillera de la vida cada picacho no es más que una simple etapa.

Muchas personas se mueven por la conjunción de factores que conforman el rechazo a lo desconocido, el desmedido orgullo patrio y la inseguridad personal. Esos síndromes estaban fuertemente asentados en algunos de los equipos directivos.

Yo mismo he de reconocer, cuando viví los años de expansión internacional en el primer negocio en el que participé, que tuve muchas dudas iniciales y me hice la temible pregunta: «¿Qué van a ver en nosotros esos mercados para que nos acepten como sus proveedores?». Y recuerdo también la respuesta de uno de mis socios: «Si no lo intentamos nunca sabremos si tuvimos una gran oportunidad en la mano y no supimos aprovecharla».

Tenía razón; incluso mercados tan extraños y lejanos para nosotros como el japonés se convirtieron en uno de nuestros mejores aliados para el crecimiento. Y eso fue posible porque la convicción de aquella persona y su empeño nos hicieron romper nuestro círculo de confort y llevar la mirada hasta otras dimensiones empresariales.

Desde entonces siempre tuve una gran vocación internacional y muy especialmente por Hispanoamérica. Visité muchos países, unas veces por cuestiones de turismo y otras de trabajo, normalmente vinculadas a ofrecimientos que me hacían para asistir a dar conferencias o realizar presentaciones sobre las características del mercado asegurador español y las posibles alternativas para la implantación de proyectos en aquella parte del mundo.

Enseguida descubrí varias cosas. La primera era que en general allí convivían dos clases: la de alto *standing,* que se movía en círculos cerrados y con una educación de primer nivel al haber cursado estudios en las mejores universidades USA o en algunas delegaciones de estas en sus países, y el resto de población, que sobrevivía en condiciones mínimas o modestísimas. Ambas se mezclan poco o nada. La segunda fue que en general sentían estrechos lazos de amistad y vinculación con España y que el concepto de «Madre Patria» seguía muy vivo allí.

Tampoco había que ser demasiado despierto para comprobar que estaban saturados de la invasión de la cultura «yanki» y que, sabiéndose necesitados de ayuda y cooperación para su desarrollo, sin duda su preferencia se decantaba por el modelo europeo, cuyo vínculo esencial para ellos era España. Además, se percibía claramente que una nueva fuerza estaba brotando en aquellas sociedades y que empezaba a emerger una clase media que sin duda podría llevarlas a un nivel de desarrollo proporcionado a los recursos naturales y humanos de sus países.

Por otro lado, España estaba iniciando su entrada en la Unión Europea y parecía claro que debía saber labrarse su futuro en ese nuevo escenario. Para los países europeos, España era un mercado grande, con cuarenta millones de habitantes, próximo y estratégico geográficamente. Y además emergente, con muchos millones de personas ansiosas por consumir. Todo eso hacía de esta parte de la Península Ibérica un «preciado botín» a explotar. A través de diferentes contactos tenía noticias sobre la posición desde la cual los políticos españoles estaban negociando nuestras condiciones de entrada en el club europeo y quedaba claro que una vez más los españoles, a través de nuestras personas y de nuestras empresas, deberíamos buscarnos nuevas oportunidades de desarrollo si no queríamos ser «invadidos y devorados».

España podía servir de puente y conexión entre dos mundos que a nosotros nos son «relativamente próximos» y con los que tenemos una facilidad de entendimiento y contacto superior a la de los vecinos europeos; esos mercados eran Hispanoamérica y el Magreb. De entre ambos, claramente el primero era el más cercano y con mayores oportunidades.

Expliqué esta opinión de forma reiterada en todos los comités y reuniones en los que tenía oportunidad. Poseía además la experiencia de saber cómo era acogido en aquellos países y lo que había aprendido de ellos. Y siempre insistía en que nuestro grupo financiero debía explorar oportunidades de inversión más allá del Atlántico.

Por mi experiencia y vivencias sabía que había varias consideraciones importantes a tener en cuenta para penetrar en esos mercados, de entre las que destacaría: que su población tenía un arraigado orgullo patrio, que era imprescindible conectar con los reducidos «círculos de poder»; y que había que diseñar proyectos consistentes y persistentes adaptados a sus especificidades y peculiaridades sociológicas. No iba a ser «llegar y besar el santo». Pero el mayor de los requerimientos, aquel que me parecía clave, era el de empezar a enviar personas capaces de «conectar y enamorarse» de aquellos países. Personas que fueran convencidas e ilusionadas con los proyectos que tendrían que protagonizar; personas abiertas y dispuestas a construir verdaderos equipos con sus colaboradores de «allá», entusiastas y adaptables.

No se trataba de imponer e implantar proyectos prediseñados, sino de adaptar y crear los proyectos que en cada uno de aquellos países se precisaban. No se podía equiparar a un colombiano a un brasileño ni a este con un peruano, un costarricense o un chileno. Eran mundos completamente diferentes. Cada uno de ellos tenía sus propias claves y «teclas».

Dejé constancia lo mejor que supe de que si yo tenía algún éxito y acogida «allá» era porque franca y sinceramente apreciaba aquellos países, me interesaban las personas y reconocía que había aprendido mucho de ellos. ¡Eso es lo que me hacía «conectar» y no lo que pudiera saber o las diferencias de conocimiento que tuviera con ellos!

Amar lo que haces y generar afecto es contagioso.

Ya por aquel entonces la prepotencia del post-modernismo podía empezar a husmearse en un horizonte no muy lejano y los proyectos de inversión se miraban más que con criterios de negocio con los de inmediatez en el rendimiento de las inversiones. Eso chocaba frontalmente con mi visión de ir instalando personas para conocer los mercados e ir tanteando oportunidades de desarrollo. Me parecía además que una institución financiera como la nuestra, que tenía en su germen lo que había sido la embajada económica de España en diferentes partes del mundo, partía de una situación de destacada ventaja por el conocimiento de los países por diferentes personas y los influyentes contactos que en ellos se tenían.

Se buscaban mil y una excusas que dilataban lo que para mí era una decisión evidente que había que adoptar de inmediato para tomar una ventaja que podía ser crítica para el futuro. Cuando no eran otras prioridades, eran las alusiones a los «riesgos políticos», etc. Así que decidimos adoptar otra táctica, que fue la de presentar un proyecto de co-inversión aseguradora conjuntamente con otra gran entidad norteamericana. Aquello bloqueó muchos contra-argumentos y finalmente la decisión fue exactamente esta: *«Si tenéis dinero para invertir en seguros y queréis hacerlo. Hacedlo y dejadnos ya en paz»*. Aquella forma de expresarse denotaba claramente que se desentendían del riesgo de la operación en cuestión y que nuestra cabeza sería la única responsable. Era un acto de confianza envenenado.

Una vez más hice lo que creía y hubo un buen resultado. Un par o tres de años más tarde comenzó la fiebre desaforada de España de invertir en Latinoamérica. Las «pichicharras» del *management* existen y he visto como muchas decisiones se han tomado en ocasiones más por «imitación» de lo que otros hacen que por «convicción» en lo que creemos que debiéramos hacer. Siempre me ha llamado la atención ese impulso tan hispano que nos hace pasar de la cerrazón al entusiasmo en un «sin-pensar», y cómo la ola de la moda puede surgir de improviso y es capaz de arrastrarnos en un sentido cuando «diez minutos antes» bogábamos justo en la dirección contraria.

Por trascendente y evidente que a mi parecer sea, no es fácil explicar a los equipos directivos la importancia de las actitudes y el peso que deben tener en la valoración de la «aptitud o no» de una persona para el desarrollo de un proyecto. Aquello quedó bien de manifiesto durante los años siguientes en los que la «ola inversora española» situó a muchos ejecutivos y a sus familias al otro lado del «charco». De repente, y como en un sobresalto, había que enviar a centenares o miles de personas hacia allá. A las unidades de Recursos Humanos se las evaluaba por la cuantía de personas que habían conseguido trasferir a los que eran considerados como nuevos mercados prioritarios. Y estos comenzaron a la «caza y captura» de candidatos. Allá donde vislumbraban una oportunidad caían desesperadamente con ofertas que me parecían desproporcionadas. No se fomentó el deseo ni el entusiasmo de las personas por ir hacia allá, sino la aceptación de ofertas consideradas irresistibles. Ascensos notables de categoría, mejora sustancial de condiciones laborales, alocadas subidas de salarios, casas y automóviles por cuenta de la empresa, servicio de educación gratuito, servicio doméstico permanente y completo, pertenencia a clubes de élite privados, etc. Así comenzó la política de expatriados; con tanto furor y sinsentido como antes se había desarrollado la de no querer invertir.

Las políticas de expatriación son una de las actividades más complejas que los directivos de Recursos Humanos deben acometer. Exigen cabeza, buena selección de personas y equilibrio. Promover a personas con probables conocimientos profesionales excelentes pero con escasa cualificación para el mando y madurez para admirar, ellos y sus familias, a las personas y países de destino, es uno de los mayores errores que se pueden cometer. Y allí desembarcaron muchas personas inmaduras a las que se ascendía de categoría para «endulzar» su partida y que no conseguían ni la admiración ni desde luego el respeto por parte de sus colaboradores de allá. Pero Recursos Humanos se veía presionado más por «exportar carne» que por «enviar calidad».

He visto muchos errores y cada uno de los que se envió inadecuadamente dejó decenas de impactos negativos en la imagen de España y los españoles «allá». Algunos han revitalizado una figura innecesaria adquiriendo el sobrenombre de «nuevos conquistadores», un error propio de la inmadurez.

> La inmadurez sumada a la prepotencia solo crea estupidez.

Nos faltó temple y sobró pasión. Caímos en el mismo error que General Motors cuando entró en nuestro mercado con directivos inmaduros y prepotentes que casi llevan a la compañía a la ruina, como relata el excelente libro *Barreiros, el motor de España*.

·ılı|ı····

Negociantes, empresarios y directivos

Parecería que un directivo debería ser un buen empresario; sin embargo, nada más lejos de la realidad. Son pocos los directivos capaces de convertirse en empresarios. La protección, la seguridad y la sensación de poder que ofrece el estatus corporativo aniquila muchas opciones y aborta el nacimiento de muchos posibles empresarios.

Me gustaría empezar remarcando las diferencias entre estos tres segmentos notables y claves en el mundo empresarial. Y me parece importante hacerlo porque suele existir cierta tendencia a la confusión conceptual entre los tres.

Empezaré diciendo que todos son importantes y necesarios. Y que cada uno desempeña una misión completamente diferente e imprescindible en el panorama socio-económico-empresarial y que por tanto conviene, en mi opinión, dejar claras las distinciones entre cada uno de estos grupos.

Negociante, directivo y empresario son profesiones distintas que no es frecuente que coincidan en la misma persona.

Los negociantes son las personas que hacen negocios, es decir, las personas que, mediante el ejercicio de transacciones mercantiles de la más variada índole, consiguen o pretenden conseguir un beneficio económico del que aprovecharse. Estas transacciones pueden ser sencillas o muy complejas y sofisticadas, pero normalmente obedecen a circunstancias específicas o a hechos puntuales. Incluso pueden llegar a realizarse en diferentes y sucesivas ocasiones, pero no existe en el negociante una vocación por la sistematización ni por la persistencia. Podría decirse que el negociante «percibe la oportunidad», la «construye» y la «ejecuta». Hace un «ciclo completo», que incluso puede tener una larga duración, pero es un ciclo que se «abre y se cierra» en sí mismo. Empieza y acaba. Luego el negociante continúa su vida a la espera de que aparezca una «nueva oportunidad» que poder ejecutar.

El negociante puede llegar a dotarse de una infraestructura de soporte que le ayude en el desarrollo de sus negocios, pero suele ser mínima y desmontable, es decir, que se termine a la finalización del negocio.

El empresario es un paso evolutivo más complejo y asentado. Si el negociante es un «buscador de oportunidades», el empresario es un «repetidor de actividades que conforman oportunidades».

En el empresario existe una vocación de consolidar su actividad y realizarla de forma sistemática y repetitiva, es decir, existe una vocación de persistencia, permanencia y pervivencia.

Conformar una empresa requiere ya, por tanto, una consolidación de la actividad.

El empresario es un paso más evolucionado del negociante. Significa que sabe hacer las cosas de forma continuada y requiere un establecimiento más firme y por consiguiente una decisión de realizar determinadas inversiones y asumir un mayor riesgo.

Para que el empresario asuma el riesgo de esas inversiones y de esa dedicación activa y profesional necesita varias premisas elementales o imprescindibles: (a) Confianza en que su saber hacer le permita, no solo subsistir, sino desarrollarse y obtener un beneficio en la actividad que desea emprender; (b) Disponer de un entorno que le permita vislumbrar cierta garantía de éxito, estabilidad y seguridad.

El empresario realiza, por tanto, una apuesta mayor por el negocio, es más estable. Y ese afán de pervivencia lo sustenta fundamentalmente en una confianza, bien intuitiva o bien soportada en estudios y análisis de marketing, de que puede tener éxito al ser capaz de hacer las cosas de modo diferente a como habitualmente se hacen, o al hacer cosas distintas. Es decir, que confía, bien en la capacidad para generar percepción de diferencia en su producto, bien en que va a disponer de formas de distribución distintas o bien en que será capaz de acceder a nuevos mercados potenciales.

Los directivos, por otro lado, son personas profesionales de la gestión de las empresas; es decir, disponen de conocimientos y habilidades que les permiten obtener un mayor rendimiento de las organizaciones empresariales, bien mediante la habilidad para administrar mejor los disponibles, la capacidad para hacer mejores inversiones o a través de la organización de los procesos, internos o externos, de modo que eso permita obtener mejores rendimientos.

Quiero destacar que, si bien los empresarios o negociantes son creadores de nuevos negocios, puntuales o sistemáticos, los directivos son gestores de los ya existentes; es decir, no necesariamente son constructores o iniciadores de nuevos negocios.

Un directivo puede ser un magnífico administrador y sin embargo no ser capaz de disponer de las habilidades que requiere un negociante o un empresario. Y exactamente lo contrario. Una persona capaz de iniciar nuevos negocios no tiene por qué ser necesariamente un buen administrador. Existen muchas muestras en todos los sentidos. Empresarios que se han arruinado una y otra vez por no ser capaces de gestionar con inteligencia, prudencia, orden, criterio y buena cabeza sus exitosos negocios. Y directivos que son excelentes gestores de «lo existente» pero incapaces de emprender un nuevo negocio o empresa. Recuerdo haber comentado esto en alguno de los comités de dirección de bancos de los que era miembro. Mi argumento era tan simple como el siguiente: «Un banco, y un banco tan poderoso y extenso como el nuestro, es un entramado bien tejido por el que pasan multitud de transacciones cotidianas. Tenemos clientes de la más variada índole y sectores que nos explican las formas de hacer negocio, especialmente cuando nos solicitan préstamos o créditos. Diariamente vemos el origen y procedencia de sus transacciones, el modelo de venta, su red de clientes, conocemos sus proveedores y sus márgenes, etc. ¡Y, sin embargo, no somos capaces, ninguno de nosotros, de hacer ninguno de esos negocios! ¡Debemos de ser muy inútiles!».

> He conocido excelentes negociantes incapaces
> de ser empresarios; magníficos directivos que no
> saben lo que es crear un negocio.

Y es que las grandes entidades están más pensadas para administrar lo existente que para crear nada nuevo. Es más, incluso me atrevería a decir que los «espíritus emprendedores» molestan y estorban en las grandes organizaciones. Ese «espíritu del viento» de «hacer volar la imaginación y la creatividad» está bastante reñido con la voluntad burocrática y el sometimiento al orden procedimental cuyo culto reverencialista practican la mayor parte de las mega-organizaciones.

Aprendí a no confiar en las apariencias ni en las deducciones inmediatas. Un excelente negociante no tiene por qué ser un buen empresario, ni este un buen directivo. Pero tampoco ser un buen directivo es garantía, en absoluto, de que haya detrás un buen empresario o siquiera un buen negociante. Todas las combinaciones son posibles, pero también pueden ser imposibles.

Suelo encontrarme con muchos directivos y no es infrecuente que a lo largo de nuestras conversaciones lleguen a confesarte que su mayor ambición sería la de llegar a construir su propio negocio. Me gusta animarlo y preguntarles sobre qué versaría el negocio que desearían construir.

Las respuestas más frecuentes son las más etéreas: «¡No sé!; de lo que sea»; «alguna variedad sobre lo que hago aprovechando mis contactos. En muy pocas ocasiones responden con la concreción y rotundidad de quien está convencido.

Esto es debido, en el primer de los casos, a que su aspiración es más conseguir un grado de libertad que perciben en «ser tu propio jefe» que en estar sometidos al clima de las grandes corporaciones. Es decir, obedece más a un «sentimiento defensivo» que a uno «constructivo». En la segunda respuesta lo que existe es, en muchas ocasiones, un exceso de confianza y sobrevaloración de las «redes de contactos» disponibles. Eso no siempre es así. Si te decides a montar tu propio negocio comprobarás cómo una gran parte de tus «contactos actuales» lo son más por «tu posición en la empresa actual» que realmente por el valor relacional que esperan de ti o contigo. Si sales de tu puesto, muchas de esas posiciones se caerán por falta de interés, otras se irán diluyendo, otras no sabrán cómo actuar, aunque quisieran, en su nueva posición relacional contigo, y realmente son muy pocas las que te resultarán abiertamente útiles.

No es por desanimarte, pero acepta dos consejos que suelo recomendar a los directivos: (1) Si realmente quieres llegar a tener tu propio negocio algún día, no lo dejes para mañana, ni pasado ni al otro,... empieza ya a dar algunos pasos. Vete gestándolo poco a poco. Incluso empieza una ligera actividad complementaria. Procura acomodarte tu paracaídas porque cada día que pasa darás un paso para convertirte en esclavo del éxito y eso te impedirá dar el salto al que aspiras. Puedes incluso empezar por iniciarte como negociante; (2) Si quieres vivir de tu propio negocio tienes que tener las ideas muy claras, muy concretas. Muy desprovistas de paja y que te generen mucha convicción. Tu intuición te será un aliado fundamental.

Una pregunta clave es: «¡Qué voy a emprender y por qué quiero hacerlo?». No busques envoltorios sofisticados ni raros. Respóndete a ti mismo con toda sinceridad. Y, si no lo tienes claro o no lo sientes: ¡¡no empieces!! Espérate a sentir la convicción «en el ombligo». No te garantiza el éxito, pero todo éxito empieza por ese sentimiento.

Capítulo 18. El despropósito

No sé si el despropósito comenzó en el mundo económico o si este se contagió de una epidemia general, pero en todo caso afectó de plano al mundo del *management*.

El despropósito es algo innato a los seres humanos y los equipos directivos no han estado al margen de algunas de esas actuaciones. Pero en general siempre alguien que con un alarde de sensatez acaba poniendo «orden y concierto», como suele decirse. Hay dos principios muy asentados en la cultura económica general y en el comportamiento de las personas: uno, los recursos son escasos y hay que administrarlos con prudencia y buen criterio; y dos, los empleados conforman parte de la razón de ser de la empresa. Hacerla crecer significa poder crear más empleos y más oportunidades de desarrollo a los empleados. Con frecuencia existen programas mediante los cuales los hijos de empleados tienen un acceso prioritario o incluso caminos de entrada específicos. La grandeza de las compañías se mide por el número de empleados que hay en su organización. Nadie podía imaginar que eso de lo que se presumía podría llegar a ser un lastre y una debilidad a la vez en pocos años.

Con la incorporación de España a la Unión Europea comenzaron a llegar ingentes cantidades de fondos para la modernización del país, sus infraestructuras, etc. Quienes habían vivido de forma prudente y modesta se vieron desbordados y comenzaron a comportarse como nuevos ricos. El dinero y la riqueza se extendieron y nadie quiso perderse aquel «festival»: crecimiento desmedido en numerosos sectores y saturación de empleos de la mano del auge inmobiliario que arrastró a la construcción. Los empleos que se perdían en la industria y el mundo agro eran compensados sobradamente por sectores tales como la construcción pública y privada, el automóvil, el turismo, etc. Se llegó a definir a España como un «país de servicios», lo cual personalmente siempre me pareció una solemne idiotez y un error de visión estratégica. La inversión y el gasto público se descontrolaron basándose en previsiones que resultaron ser «fantasmas». Incluso se produjo un «efecto de atracción» de personas de otros países que emigraban y nos comenzaron a llegar en masa para mejorar su calidad de vida.

Se perdió el norte y con ello llegó el «desgobierno y la dilapidación». Se vivía de forma generalizada muy por encima de lo que se podía. Apareció la pasión por el ocio y el consumo, hasta el extremo de que en medio de aquel «premio de la lotería» personas y empresas se embarcaron en créditos que la banca les alentaba a adquirir. Y en medio de aquel desordenado zafarrancho los políticos orgullosos definían España como el país en el que uno podía enriquecerse con mayor rapidez y facilidad, lo cual me pareció una idiotez por mucho que lo dijera un afamado ministro. Política y negocios comenzaron a establecer su amalgama masiva y empezó la corrupción.

Siempre he pensado que en economía, cuando se vulneran los «principios y consejos de nuestra abuela» las cosas terminan mal. Y aquella bacanal no tenía buen aspecto. Pero de la crisis del petróleo en los años 90 se salió trastabillando gracias al motor del sector inmobiliario. Y en una insensata «huida hacia adelante» se volvieron a renovar, esta vez con más fuerza si cabe, el endeudamiento y el descontrol.

> Hay muchas enseñanzas de *management* en el trabajo duro y la vida esforzada de nuestros antepasados. La limitación de medios agudiza el ingenio.

Personas y empresas teníamos todo lo que deseábamos, y hasta incluso lo que nunca hubiéramos podido imaginar, pero la picadura de la ambición ya había introducido su veneno mortífero y todo parecía poco. Se ambicionaba más y más. Mucho más, y con ello llegó la insolidaridad.

Por aquel tiempo comencé a publicar artículos y a colaborar con revistas y publicaciones de universidades. Para eso empecé a desarrollar en lo posible mis capacidades de observador del paisaje en el que me movía y del entorno empresarial. Muy pronto me di cuenta de que estaban llegando nuevos aires y que las formas de pensar sobre la función de la empresa empezaban a alejarse de mis convicciones. Pero eso no me hizo retroceder, sino poner más ahínco en publicar más y decantarme por el humanismo que, a mi modo de ver, siempre se debe preservar como eje central de las organizaciones. ¿Qué sentido tienen la economía y la riqueza si no es estar al servicio de las personas? En tanto en cuanto un despropósito es algo fuera de sentido, eso lo es.

Las primeras señales de un cambio de mentalidad empezaron a percibirse primero de forma anecdótica. Aparecieron en el mundo de los negocios estilos de dirección que mostraban el utilitarismo con las personas y se manifestaban opiniones que hasta ese momento hubieran sido inimaginables. La situación de crisis hizo que los trabajadores tuvieran que aceptar condiciones reducidas en sus condiciones y comenzó a desbaratarse el equilibrio. El desprecio y el sentido utilitarista se expresaban con absoluto desparpajo. Empezaron a escucharse propuestas que hasta ese momento no había oído antes en ningún comité de dirección y que de hacerse hubieran supuesto el desprestigio total y definitivo de quien las pronunciara. Y las cosas se dieron la vuelta: «Ahora las personas estaban al servicio de la economía». Las personas comenzaron a tratarse como simple números.

Sin personas la economía es burla-ficción.

Los beneficios y el ansia por hacerles crecer desmedidamente adquirieron un protagonismo inusual. Había que lograrlo a toda costa. Incluso si para ello fuera necesario se proponía prescindir de puestos de trabajo para aliviar estructuras y lograrlo. El respeto y la protección del empleo comenzaron a devaluarse y a tratarse con desprecio. Los principios y valores comenzaron a resquebrajarse al mismo tiempo que la economía y la empresa perdían su función social. Aquella oleada prometía ser persistente y duradera. Me preocupó especialmente cuando comprobé que contaminaba incluso la educación de niños y adolescentes. ¡Hasta ellos llegó el sentido del despilfarro, el endiosamiento del consumo y la desvalorización de las personas! La epidemia comenzó a convertirse en transformación biológica y la laxitud aceptaba como normal, lo que a mi entender me parecía inaceptable. Pero la picadura del alacrán se había difundido por toda la red capilar social. El rendimiento en sí y como concepto o aspiración no es algo malo, pero se transforma en agresivo para las personas cuando se las somete a un persistente «poder-más», porque se convierte en un virus que invade los modos de entender la vida y los comportamientos. Y todo lo que se había trabajado por construir una gran clase media comenzó a desmoronarse. La sociedad empezó a quebrar y a generar más distancias entre los extremos, tanto como dentro como fuera de la empresa.

La maximización del rendimiento a base de extremar la tensión que por responsabilidad siempre debe existir sobre los puestos de trabajo empuja hacia la inquietud permanente y a una administración obsesiva del tiempo y la multi-acción (hacer varias cosas al tiempo), lo cual hace que la vida se contemple solo desde la perspectiva de la superficialidad. Además, en la vida profesional la obligación de maximizar el rendimiento acaba convirtiéndose en obsesión y preocupación por la supervivencia en el puesto de trabajo. Y cuando el principio de responsabilidad se sustituye por la simple angustia y el agobio, las cosas comienzan a salir mal.

> Hacer una economía más humana no se consigue a base de destruir ni de decapitar sino de esfuerzo por vivir con mejores y más sanos principios y una forma de actuar más responsable. No es labor de unos pocos sino una tarea cooperativa de muchos cuyos frutos se verán por las generaciones venideras.

Vi nacer ante mis ojos la moda de la agitación como estilo de mando. Muchas veces comprobé que muchos de los que corrían no sabían hacia dónde lo hacían. Porque el estar agitado era una meta en sí misma. Aquel «mundo de la escucha interesante» al que asistí en mis primeros comités de dirección, se transformó en un mundo de hiperactividad y sobrecarga en el que se decía lo primero que a uno se le venía a la cabeza y, lo peor, sin que nadie pusiera freno a aquello y lo recondujera hacia una mínima sensatez. Vi comenzar a instalarse con naturalidad el principio de decidir rápido antes que hacerlo con precisión.

La impunidad ante propuestas disparatadas hizo que la ligereza de opiniones y el hablar sin fundamento empezaran a asentarse patológicamente no solo en la sociedad sino también en el modo de hacer en la empresa. Empezó a gestarse el concepto «rendimiento» como única forma de evaluar a las personas, lo que lleva implícito el utilitarismo. Lo importante era llevar una «súper-actividad permanente». Eso es lo que al parecer te permitía salir del anonimato, llamar la atención y ascender a toda costa. La consistencia se fue aparcando en la sociedad de la agitación. Sin embargo, aquello no era más que una vía de escape o huida ante el temor que la demostración del rendimiento producía. Todo se convirtió en efímero. Se vivía la vida, no como algo duradero, sino como algo efímero que fuera a acabar mañana. Y las empresas se contagiaron. Parecía que sus proyectos no tuvieran más recorrido que unas pocas fechas en las que habían de demostrar un éxito rotundo o de lo contrario serían estigmatizadas como fracasos. Y el «ser» se transformó en «parecer».

Las corporaciones se consideraban a sí mismas supra-poderosas y tomaban decisiones arriesgadísimas con absurda ligereza, solo por el afán de «sacar pecho». Los directivos de las mega compañías paseaban su prepotencia mirando por encima del hombro a los demás como si fueran superiores.

Aquella avalancha de ligereza se trasformó en una poderosa ola que amenazaba con invadir mi «independencia y estilo» así que mantuve como supe y pude el aislamiento de las unidades que tenía bajo mi responsabilidad con respecto de toda aquella avalancha y creo que fuimos una de las «islas» que permaneció a flote en medio de todo aquel demencial batiburrillo de prepotencia. Se me respetó quizá por el prestigio acumulado, pero se podía ver cómo muchos acechaban desde sus escondrijos a la espera de encontrar el momento que les permitiera asaltar lo que consideraban un preciado botín. Hubo maniobras e intentos de «comprar mi voluntad» ofreciéndome acomodadas posiciones en nuevos proyectos que a mi parecer no tenían sentido alguno y que perseguían desmontarme de mi independencia gestora a cambio de mayor remuneración. Pero eso, que podía parecer anacrónico en medio de aquel ambiente, me parecía una traición a mí mismo y no lo acepté. El hecho es que logré mantenerme independiente y al margen de toda aquella marabunta de desatinos.

Como siempre sucede en los movimientos corporativos internos, aquella presión se amortiguó cuando algo mayor se avistó en el horizonte y comenzó a vislumbrarse la fusión de aquel conglomerado procedente de la banca pública con otro de los grandes bancos. El hiper-dimensionamiento había llamado a las puertas de la economía mundial y las mega-corporaciones aspiraban a convertirse en «sistémicas» como herramienta de protección. Cuando su riesgo de quiebra fuera tan inmenso que se convirtiera en algo capaz de poner en riesgo el «sistema», necesariamente tenían garantizada su salvaguarda por el Estado.

Aquel movimiento corporativo contribuyó a preservar la independencia del proyecto asegurador que nunca fue comprendido por la banca, y una vez más eso nos permitió desarrollar nuevos proyectos con renovada ilusión. Pero sabía que más pronto o más tarde pretenderían asaltar la unidad de seguros e integrarla en la estructura bancaria. Una corporación, y más aún si es bancaria, jamás acepta no tener todo y a todos bajo su garra.

Una vez más en mi vida y como por arte de magia la suerte se cruzó en mi camino en forma de nuevas ofertas de trabajo. Ambas eran de primer nivel, aunque bien distintas. La primera era una oferta tradicional en una empresa continuista y nacional. La segunda era una multinacional que buscaba a alguien para desarrollar un proyecto innovador y sofisticado en España. Requerían una transformación interna y el diseño y lanzamiento de nuevos e interesantes proyectos.

Nunca he servido ni para estar cómodo ni para cuestiones fáciles así que acepté este último proyecto internacional y escapé de aquel para el que había trabajado, que tenía todo el aspecto de desmoronarse. Los retos difíciles me han dado siempre energía e ilusión. No he sabido vivir sin ellos y acepté ocuparme del nuevo que me ofrecían. Lamentablemente no me equivoqué respecto a lo que se avecinaba en la corporación para la que había trabajado feliz durante tantos años y desde mi salida comenzó el hociqueo por parte de múltiples ejecutivos ansiosos de protagonismo. Hasta que aquella querida estructura aseguradora que habíamos creado con ahínco, enorme esfuerzo y creatividad se vio adulterada y desvencijada por recién llegados, que ni la entendían ni tenían ningún interés por entender, años más tarde.

Pero mi vida ya tenía otro rumbo.

Capítulo 19. Nunca es oro todo lo que reluce

El mayor problema cuando una corporación multinacional te contacta es saber si el o los interlocutores con los que te entrevistas y que te ofrecen tu incorporación a la misma, tienen visos de permanencia en sus cargos o si pueden ser reemplazados en breve periodo de tiempo, porque la filosofía del «si te he visto no me acuerdo» suele imperar y es muy fácil que lo que era un proyecto interesante se convierta en uno marginal.

> Las organizaciones, cuyo vínculo con las personas es solo el interés económico, tienen estructuras muy endebles.

Mi contacto en este caso era una persona muy solvente que me pareció sincera y con ideas claras. Mantuvimos varias interesantes conversaciones y hubo buena «química» entre nosotros desde el primer momento.

Respondió con rotundidad y rapidez a una pregunta que no suele ser fácil en muchas corporaciones: «¿Cuál es el lema que define a la empresa?», a lo que contestó de inmediato y sin titubeo alguno: «¡*No susprises*! Aquí las alegrías se buscan y se comparten y lo mismo con las dificultades. Nuestras personas nunca pueden sentirse solas en su desempeño, con independencia de su cargo; es muy importante que sean claros y recibirán la ayuda que se necesite. Eso es lo que nos hace progresar. Si un equipo existe realmente, nadie debe sentirse solo frente al fracaso; ni tampoco en el éxito».

Hablamos mucho sobre el proyecto que pretendían para España y le dejé claro que si buscaban alguien continuista yo no era la persona adecuada. Me explicó que se trataba de hacer una operación de transformación en el mercado y al tiempo otra de expansión con diferentes proyectos que se sostendrían inicialmente en el que me proponían dirigir. Querían mi consejo, mi experiencia, mi creatividad y mi energía. Me ofrecían disponer de la mayor libertad decisoria y, por supuesto, de la selección y ajuste de los equipos que a mi criterio convinieran. «Me gustaría mucho pedir si están dispuestos a pagarlo y a hacer un contrato con garantías». Y estuvieron de acuerdo.

Me gustó su claridad y sinceridad. Mantuvimos entrevistas, tanto en España como en su país, y finalmente nos dimos la mano y sellamos el acuerdo y el compromiso con las condiciones que firmamos.

Aquella corporación aseguradora se había labrado un buen prestigio y disponía de una de las marcas de mayor reconocimiento en España, lo cual parecía una excelente plataforma sobre la que soportar todo el desarrollo. La única pega que encontré a aquello era mi desconocimiento en aquel momento de la cultura holandesa, pero nunca en los proyectos se conocen todos los detalles y siempre surgen sorpresas, agradables unas y desagradables otras. Pero eso solo se sabe cuando uno se encuentra dentro.

Cuando parecía que todo era oro, llegó la primera llamada de atención. Fue durante una reunión a la que me pidieron que asistiera. Ya se rumoreaba mi incorporación y, aprovechando que se había organizado una convención comercial masiva, me invitaron a que usara la oportunidad para presentarme y saludar a una parte de las personas que trabajaban en la red comercial. Lo hice con todo gusto y me presté a dirigirles unas palabras que, como no podía ser de otra forma, eran de satisfacción por conocerles y de mi mejor predisposición para trabajar juntos en los nuevos proyectos que nos esperaban.

Fue una simple presentación de cortesía, pero hubo dos aspectos que llamaron mucho mi atención. Por aquel entonces aún estaba permitido fumar en las empresas y en los establecimientos públicos y me sorprendió que en aquella sala hubiera tantos fumadores. Lo hacían además de forma muy compulsiva, con ansiedad y enormes caladas de humo. Al finalizar las presentaciones se había organizado un cóctel en el que pude estrechar la mano de muchas personas; muchas de ellas se mordieran las uñas y saludaran con inquietud y hasta cierta sensación de temor.

> Existe una sintomatología de comportamientos
> que muestra el grado de vinculación y satisfacción
> en una organización.

No estaba prevista mi incorporación oficial hasta pasada una semana y tampoco quise sacar conclusiones precipitadas, pero aquellas observaciones no dejaron de rebotar en mi cabeza. Tal vez fueran casuales o puntuales, o quizá apreciaciones equívocas por mi parte, pero tenía la impresión de que escondían algún significado que debería tener en consideración. No podían ser fruto de la coincidencia.

Más tarde comprobaría que mi instinto no me había engañado, que ambos hechos eran ciertos, estaban bastante generalizados y eran la demostración de situaciones de tensión personal que se somatizaban.

Una de las cuestiones más complejas que había tenido que acometer en mi vida directiva era la de saber situar el grado de tensión en un nivel adecuado de forma que resultara suficientemente intenso como para maximizar el rendimiento y a la vez no sobrepasar los límites que hacen aparecer la angustia y la consiguiente ineficacia. Ese equilibrio siempre me ha resultado difícil de encontrar, pero en aquella ocasión, como comprobaría más tarde, llegaría a tener una trascendencia tal que ponían en riesgo el juego, el equilibrio y la salud mental.

Habría de ser con mucha diferencia el proyecto más complejo al que me he tenido que enfrentar.

Solo otro en el que me contrataron años después en Chile como asesor de su CEO me resultó tan sorprendente. Pero en aquel tenía responsabilidad directiva directa.

Cada día aparecían nuevos datos intranquilizadores. Todo surgió a raíz de comenzar a visitar «in situ» nuestras redes de oficinas y conocer a los numerosos empleados y agentes que en aquellas inmensas redes trabajaban para comprender sus modos de hacer, las dificultades que se encontraban y las motivaciones que los empujaban a trabajar con nosotros.

En todos los casos comencé a vislumbrar personas que se mostraban tensas y actuaban compulsivamente. Aquellas manifestaciones tenían que obedecer a algo orgánico y estructural que yo necesitaba averiguar. Las personas, además, no hablaban con claridad y siempre observaban a sus jefes de forma extraña y sinuosa.

Siempre he pensado que las «oficinas centrales» conforman un mundo aparte que tiene vida propia y crea un círculo de intereses y servilismo que te impiden conocer la realidad. Además, suelen estar más preocupadas de sus procesos burocráticos y de análisis que de construir apoyos para conseguir más negocio y atenderlo mejor. Por eso siempre he tenido tanto empeño en conocer a las personas de trinchera en sus ámbitos naturales y de la forma más directa y cercana posible. Hay que impregnarse de realismo y eso no se hace desde el sillón de un despacho.

Las sensaciones y comentarios de muchas personas con las que conversaba no coincidían con el esbozo de compañía que me habían hecho en Holanda; había algo de extraño en todo aquello. Percibía un halo misterioso que flotaba en el ambiente. Algo opaco y subliminal que quería aflorar y no podía.

Finalmente, y tras un mes de viajes y contactos, llegué a tener una idea clara de lo que allí acontecía: se trabajaba aplicando un modelo piramidal sistematizado que, según se encontraba diseñado, permitía ofrecer notables ingresos en cascada a todos los componentes de la línea de negocio.

El «ansia de ganar dinero» hacía que se aplicara el «todo vale» con tal de conseguir ventas. Se había generalizado la explicación sesgada de los productos a los clientes, a quienes no se informaba con detalle de las condiciones y riesgos, especialmente en productos financieros, porque primaban los intereses de los miembros de la red por cerrar ventas. Pero también entre compañeros y subordinados había constantes puñaladas y engaños.

Los ingresos salariales básicos eran bastante inferiores a los que se ofrecían en idénticas posiciones por otras compañías del sector, y sin embargo, el plan de incentivación era tan sugerente que los ingresos medios de las personas multiplicaban por tres y hasta por cuatro los salarios medios de los vendedores de otras compañías. Eso había atraído a muchas personas deseosas o necesitadas de conseguir el mayor volumen de ingresos posible y poco escrupulosas en cuanto al modo de conseguirlos. Era un nicho idóneo para personas en apuros económicos, deudas o ambición desmedida. Bastaba con tener una buena agenda de contactos y estar dispuesto a explotarla.

La vinculación a la compañía era por lo general tan burda como lo es el exclusivo interés por conseguir la mayor remuneración.

Por supuesto que no todas las personas eran así, pero el sistema de presión agresiva ejercido desde la dirección hacía que aquellos más ambiciosos y con menos escrúpulos impusieran sus métodos y crearan un ambiente de serio malestar. Según me fui ganando la confianza de muchas personas y mis mensajes de trabajo serio y persistente empezaron a calar, comenzaron también a llegarme informaciones y detalles, algunos de los cuales me parecían increíbles.

A muchas de aquellas personas se les concedían créditos para automóviles o viviendas de lujo que les hacían vivir muy alejados de sus posibilidades reales. Lo que se les vendía como «un favor» por sus méritos, pronto se daban cuenta de que era un lazo corredero que se apretaba contra su garganta para exigirles mayores niveles de actividad con éxito para evitar la cancelación prematura de aquellos créditos y la pérdida de «su patrimonio». Vi como las personas sometidas a tan inaudita presión y malicia perdían los estribos y eran capaces de introducirse en las actividades más sórdidas y los negocios más marginales o indignos con tal de salvar a sus familias y a ellos mimos.

En aquel ambiente de desconfianza hube de crear un cuerpo especial de inspección que verificara las múltiples situaciones que llegaban a mis oídos. Fue una tarea ardua pues ni siquiera sabía quién estaba descontaminado o si sus informes eran tendenciosos. Había que dar confianza a las personas honestas y provocar la salida de los que aplicaban métodos indignos. Había una «trama» generalizada que operaba en diferentes puntos de España. Las redes de intereses tenían los largos tentáculos de la corrupción.

Había visto situaciones muy especiales, fundamentalmente de decadencia, en organizaciones empresariales a lo largo de mi vida, pero nunca había visto una con una situación de corruptelas tan generalizadas como consecuencia de la codicia, no solo desmedida y desgobernada, sino además provocada por la propia política de la compañía que había creado una opresiva jaula de oro. Nunca había visto tan de cerca el modo en que las personas pueden renunciar a sus principios a cambio de dinero. La angustia y la histeria imperaban en toda la cadena de mando. El acoso a las personas con todo tipo de presiones para conseguir mayor rendimiento era una norma habitual muy generalizada. No había más mando que las voces, el todo vale o la agresividad. Y, además, todos debían someterse a los «caprichos» del jefe. Creí que estaba viviendo una pesadilla, algo de ciencia ficción. Pero era una realidad cierta.

La angustia bloquea a las personas.

Al igual que en otras compañías para las que había trabajado, desde el primer momento de mi incorporación me encontré integrado e identificado con ella, pero en esta ocasión aquella situación de deterioro me producía no solo rechazo sino repudio moral.

Era imposible que aquel modelo se hubiera construido y alimentado sin el conocimiento de los directivos de la central en Ámsterdam. No me imaginaba que esos modos de hacer se correspondieran con la filosofía de la compañía y desde luego en nada coincidía aquello con las impresiones y conversaciones que había mantenido antes de mi incorporación. Así que opté por provocar una entrevista en Holanda y, dada la inseguridad sobre el grado de confianza que podríamos tener con algunos directivos, celebramos esa reunión en una sala de trabajo del propio aeropuerto de Schipol.

Expuse la situación existente con datos y hechos concretos; advertí que para transformar todo aquel panorama, además en momentos económicos complejos, habría que sanear en profundidad toda la compañía y existía el riesgo de que todo se nos fuera a pique. Pedí refuerzos personales con plenos poderes o, en su caso, según las cláusulas pactadas en mi contrato, mi indemnización y salida. Debo decir que la persona de máximo rango con la que conversé me dio todo su apoyo y libertad para trazar aquella remodelación. Vi cara de sorpresa en su rostro cuando le comenté la situación, lo cual me dio a entender que era ajeno a lo que allí había sucedido durante años. Fue una conversación sincera y creo que honesta.

Solo hubo un momento de tensión cuando se le ocurrió decir que «podían ser cosas que pasaban en las redes en España y que en Holanda era diferente». Debo reconocer que aquello me molestó y en ese momento fui rotundo y con toda contundencia le expliqué que llevaba muchos años de profesión dirigiendo compañías con grandes redes y que nunca había visto algo así. Y añadí que me parecía impensable que eso hubiera sucedido sin el conocimiento y la complicidad de altos directivos de central. Un mes más tarde le aporté pruebas concluyentes de quiénes estaban implicados y a estos les costó su expulsión de la organización.

Prometí que en un mes nos podríamos reunir de nuevo con un plan de reconversión y transformación que me comprometía a desarrollar, tanto para el saneamiento como para un nuevo programa de expansión.

La nueva estrategia, que afortunadamente dio resultado, constaba por un lado de una operación acordeón con drástica reducción de los colaboradores adictos a las corruptelas antiguas para luego afrontar una expansión con nuevos nombramientos vinculados a un nuevo sistema multi-producto que diera más estabilidad y aprovechamiento al rendimiento de los clientes.

Tuve que hacer profundas modificaciones en la línea de mando y crear una nueva filosofía de trabajo. Los incentivos se multiplicaban en base a la venta multilateral y se cambió el método piramidal por otro más racional, que consideraba crecimientos a medio y largo plazo. Esa nueva política consiguió estabilizar el nivel de tensión y construir un modelo de trabajo exigente pero no angustioso que resultó ser muy eficaz.

La mucha gente honesta se volcó en la transformación, aunque no faltaron pájaros agoreros que no dejaban de predicar el fracaso.

Pasamos momentos complicados y delicados, aunque apasionantes, y debo agradecer a mis colaboradores el empeño y la ilusión con los que se entregaron a tan imaginativa tarea de cambio.

A pesar de todo aquello, de la independencia y el apoyo que obtuve, del éxito en la transformación y de mi extraordinaria remuneración, no me encontraba a gusto. Ese grupo financiero me producía una sensación de rechazo intuitivo, aunque aparentemente no tenía razón para ello y el trato que recibí fue siempre exquisito. De hecho, me propusieron presidir América escogiendo vivir entre Santiago de Chile o Atlanta, que eran las dos mayores cabeceras de negocio. Pero había algo allí que no encajaba conmigo y en mi subconsciente se fue transformando sin yo darme cuenta.

Hoy soy plenamente consciente de que de forma inconsciente estaba tramando una tela de araña situacional cuyo objetivo era poder desentenderme con toda dignidad de aquella vinculación. Pero tampoco sentía interés alguno por incorporarme a otro proyecto. Me sentía ahogado y necesitaba aire libre.

Cumplido mi compromiso renovable de tres años se dieron las condiciones idóneas para conseguir un acuerdo de salida significativamente mejor que el pactado y decidí desvincularme de ese y cualquier otro proyecto para explorar una nueva vida. Ha sido la vez que me he sentido más liberado, pese a la inquietud que debo reconocer que sentía.

Una vez más mi instinto fue mi mejor consejero y orientador. Algo en mi interior me decía que estaba cansado de aquella vida y que quería otra forma de hacer las cosas. En el fondo, y aunque he tenido fama de ser clásico, siempre he sido un aventurero bohemio al que le gusta ir por libre en la vida. No me gustan ni los controles ni las ataduras. De hecho, siempre las había eludido. Mi propia forma de ejercer la dirección había sido bastante peculiar y necesitaba esa visión de mí mismo y de mi misión que me permitiera considerarme independiente y no estar sometido a las constricciones y burocracias que impone la vida corporativa. Nunca he peleado ni me he rebelado contra esa forma de vida «normativizada»; simplemente no la hacía y me escapaba a «otros mundos». Porque en ellos estaba la vida para mí.

> El éxito también crea cadenas y te obliga a
> permanecer enjaulado.

El arte de dirigir es, a mi entender, demasiado noble como para reducirlo a procesos estandarizados y mecanicistas. Ni he creído ni he valido para eso. Tampoco he valido para aceptar que las cosas que no me gustaban siguieran su camino y siempre he procurado cambiarlas tratando de mejorarlas. Esa ha sido la sal de la vida.

El hecho es que sabía lo que no quería, pero aún no sabía lo que quería. Pero eso no me hizo dudar. Y me sostuve firme en mi decisión. Viviría de otra forma distinta a la que hasta ese momento había vivido. Quizá con menos lujos, pero con mayor sensación de control sobre ella. Hasta ese momento los éxitos me habían empujado de un puesto a otro y de un proyecto a otro mayor sin que realmente yo hubiera sido protagonista de todo ello; simplemente me había dejado llevar por las oportunidades. Pero ahora me saldría de esa impetuosa corriente.

> Si quieres ser libre procura llevar poco equipaje.

Decidí tomar unos días de descanso y dejar que mi interior me hablara. Que mi intuición, una vez más, operara por mí.

Capítulo 20. Sobre el alambre

La diferencia entre las sociedades desarrolladas y las vulgares es que las primeras ofrecen a sus ciudadanos la posibilidad de ganarse la vida pudiendo elegir entre diferentes modos de vida. Y no solo eso, sino que inculcan a los niños desde el sistema educativo básico que es bueno que escojan su modo de vida entre diferentes alternativas; que abran su mente hacia la felicidad porque esta puede tener diferentes formatos.

Nací con la característica de ser reactivo frente a todo lo que intentara dominarme. No he aceptado nunca que algo pudiera incluso gustarme tanto que me atrapara en sus redes, atrofiara mi voluntad e impidiera que mi carácter aventurero pudiera expandirse hacia nuevas aventuras.

Aquella sensación de haber sido esclavo del éxito, de no haber tomado decisiones sobre mi vida profesional sino de simplemente haber aceptado las oportunidades —magníficas eso sí— que la vida me había ido brindando, me daba vueltas en la cabeza y me hacía sentirme agobiado. Lo que hasta este momento me había hecho ilusión, ya no me satisfacía.

Como he dicho, no sabía lo que quería, pero sí sabía muy bien lo que no quería. Necesitaba «algo» que me hiciera recuperar la vitalidad y la energía de nuevo. Y si no lo tenía claro era porque debía dejar que las ideas me fluyeran a la mente sin someterlas a presión. Lo que yo llamo instinto, que me había funcionado muchas veces, quizá volvería a operar y activarse de nuevo.

....

A veces la respuesta se encuentra en el negativo de la película.

....

Acababa de empezar el verano y esa era mala fecha para buscar nada y buena para aprovechar ese tiempo de baja actividad para meditar, así que decidí retirarme a mi casa de campo y allí disfrutar y dejar que las ideas fluyeran.

Estábamos ya en septiembre. El tiempo había pasado rápido pero curiosamente no me encontraba nada nervioso; por el contrario, pensaba que la decisión que había tomado era acertada y me encontraba muy bien. Una tarde en que pasaba un rato paseando por una larga playa se me encendió una idea: «Si muchas personas te consultan respecto a formas de actuar y acometer transformaciones de organizaciones y asesorarse en la gestión de conflictos; ¿por qué no dedicarte a eso de forma profesional?». ¡Fue un simple flash!

Aquello me gustó y comencé a esbozar un esquema de proyecto. Siempre he necesitado para llevar a cabo algo un folio en blanco y empezar a trazar líneas y anotaciones en forma de gráficos y recuadros enlazados. De aquella forma y de aquellas hojas embrolladas y emborronadas repletas de enmiendas, tachaduras y matices, al final me han salido muchas veces proyectos que me han dado magnífico resultado; otras veces algo irrealizable que he desechado, pero en cualquier caso nunca han sido una pérdida de tiempo. Han puesto en marcha mi cabeza y han alentado a mi cerebro para que luego, tras sesiones de almohada y despresurización, surgieran nuevas ilusiones.

Aquel embrión de idea comenzó a tomar forma y a concretarse. Lo primero para poder construir un negocio es tener claro el objetivo que se persigue y la aportación que este puede hacer. Para esto último consulté con algunas personas cuyo criterio y visión, tanto como posibles clientes como por su perspectiva, experiencia y sinceridad, entendí que me aportarían una valiosa opinión y orientación. Algunos incluso, y sorprendentemente, me ofrecieron crear una empresa en la que estaban dispuestos a participar como socios.

Esa primera sensación de éxito me hizo preguntarme sobre el diseño organizativo que deseaba: ¿una consultora con ambición de crecer y hacerse un nombre entre las mayores, o un negocio mucho más personalizado, con gastos mínimos y de alto prestigio y posición en torno a mi persona?

Reconozco que para alguien que ha dirigido grandes organizaciones el primer proyecto es su impulso natural, pero ¿había tomado la decisión de salir de una multinacional para embarcarme en eso? Sopesé, más que pros y contras, mis sensaciones al respecto y descubrí que lo que quería era una vida que me hiciera sentir más libre, con menos obligaciones y que me permitiera trabajar con intensidad pero con sensación de estar viviendo la vida, así que decidí no tener obligaciones para con terceros sino solo ante mí mismo.

Leí un libro que me ayudó enormemente: *El elefante y la pulga,* de Charles Handy. Por su sencillez y aproximación a la realidad me acercó a la que podía ser mi vida como «*outsider* individual» caminando en aquel mundo tan proclive a la grandiosidad. Pero además me hizo entender el valor que una pulga como yo podría aportar como acicate de los elefantes. Y lo más importante: sentirme orgulloso de ser así. Eso me liberó y me dio una gran energía y confianza en que el éxito era posible. Fue como visualizar una vida de colores.

Luego vino el segundo reto, que fue evitar la tendencia del consultor a crear informes, procedimientos y normativizar comportamientos, técnica que a mí jamás me dio resultado personal y en la que no creía. Mis experiencias eran distintas. Lo que a mí me había funcionado había sido expandir la energía de las personas y eso es lo que sabía hacer. Algo, que según me expusieron muchos de mis antiguos colaboradores con los que también consulté, hacía de mi modelo de dirección algo diferente. Y así pensé que si me tenía que definir como algo habría de ser como mentor práctico. Huir de convertirme en un teórico alejado de la realidad de un metodólogo o incluso de un solucionador de problemas de terceros para convertirme en una pieza de transformación y potenciación de las organizaciones a través de las personas. Lo que sabía hacer era dar seguridad y alentar a las personas para que ellas fueran las transformadoras. ¡Y eso hice!

> Crear un proyecto de éxito significa pensar de modo diferente a como se viene haciendo, y aun así nada está garantizado.

Tuve que dedicar muchas horas para convertir aquello que había hecho con mis equipos, tanto los aciertos como los errores, en una especie de guion con el que amueblar mi cabeza para poder orientar a otros. No fue fácil, pero sí resultó muy interesante. Llegué a darme cuenta de que tenía mucho más «cerebro y potencia» del que había explotado en mi trabajo para las grandes corporaciones. La magnitud de poder, la escala de gigantismo y la multiplicidad de impactos y actividad, atrofian; o al menos yo lo sentía así.

> El gigantismo atrofia la creatividad.

Alguien con experiencia me dijo: «Te sorprenderá que tus mejores clientes te vendrán de nuevos contactos y no tanto de los que has conocido hasta la fecha». Y tuvo razón.

Luego vino todo un proceso de fijar una política de tarifas ante algo tan «especial». Hubo quien me aconsejó: «Entra con precios bajos hasta hacerte un nombre y luego una vez conocido podrás ampliar tu minuta». Pero la verdad es que nunca me he sentido cómodo con esa visión. Jamás en mi vida. Mis experiencias me habían enseñado que «lo que es gratis no se valora» y «cuando te encasillan en un rango es muy difícil luego moverte de él»; así que una vez más tuve que preguntarme lo que quería. Y fue muy claro cómo me sentía mejor: quería construir algo selectivo. Algo de élite. Algo especializado. Que me permitiera hacer poco muy bueno.

Prefería ganar lo mismo con menos acciones o incluso ganar menos, pero tener sensación de aportar valor. Y desde luego no estaba dispuesto a vulgarizarme ni a ofrecer pruebas gratis a multinacionales que cobran por todo.

Si hacía algo gratis sería a modo de contribución social colaborando con alguna fundación que trabajara con emprendedores, jóvenes parados, etc.

Y así se dibujó mi proyecto cuando empecé a dar mis primeros pasos por el alambre. Cuando eres tan pequeño como tú mismo y vienes de otro estilo de vida tienes que aprender varias cosas:

1. Tus hábitos de vida cambian. Ya no tienes necesariamente que salir todas las mañanas a la misma hora, montarte en tu lujoso coche y acudir a tu oficina para asistir a reuniones, comités, etc. Tu mundo ya es otro. Me fue útil pensar que tenía que aprender a vivir como si fuera un artista. Puse en mi mente lo que haría alguien a quien admiraba como Plácido Domingo y eso me ayudó a tranquilizarme.

2. Ya no tienes un teléfono por el que ordenar a alguien que te haga lo que necesitas o te facilite lo que precisas. Ahora dependes de ti y solo de ti. Eso me hizo admirar y respetar aún más el trabajo de algunos de mis colaboradores.

3. Ya no llevas el escudo de una tarjeta que te aporta marca y te da poder. Ahora tu tarjeta eres tú solo. Tu forma de abrir puertas ha cambiado. Y quienes antes se peleaban por poder verte, ahora ya no te necesitan. Solo te quedan los buenos amigos y muchos de ellos no podrían ayudarte, aunque quisieran.

4. La actividad social, comidas, presentaciones, congresos, etc. se difumina. A cambio aparecen horarios flexibles, días y tiempos libres que poder aprovechar y nuevos proyectos que acometer.

Pero la adicción a la adrenalina de años no es fácil de digerir sin tener momentos en los que sientes haber perdido valor.

La vida en el alambre había comenzado. Con muchas dudas y grises oscuros en el horizonte. Nadie te garantiza nada. Tus ingresos dependen de ti y tienes que vivir conforme a lo que seas capaz de construir. Las enseñanzas recibidas de mi familia y de la gente de aquel pueblo perdido entre montañas para saber ser felices con mucho, con poco o con regular me fueron de enorme utilidad. Y la afición a la montaña en la que me adiestró mi padre fue también otro gran valor.

> La vida sobre el alambre implica un cambio profundo en todo lo que hasta ahora has venido haciendo.

¡Y de repente llegó la gran oportunidad! Alguien que había oído hablar de mí me propuso trabajar con su equipo directivo. Ese reto vino de donde jamás hubiera imaginado, pero allí estaba. Me di cuenta de que lo que «compraban» eran confianza. Alguien que los representara ante sus colaboradores para trasmitirles sus creencias y reforzar así su mensaje y unos hábitos que querían crear y que no sabían cómo. Y eso me ayudó a ampliar mi «argumentario» y a darme cuenta del valor real que podía aportar. Y me reafirmé en que una tarifa baja los devaluaría ante ellos mismos. Tenían que trasmitir que traían a alguien de élite. Y el elitismo con gran frecuencia se mide en términos de minuta.

El mundo del *management* tiene mucho que ver con el de la moda. Se pone en el candelero algo novedoso y todos hablan de ello. Las megaconsultoras lo saben y cada dos años lanzan un nuevo «invento conceptual» con el que agitar espíritus, egos y organizaciones. Son innovadores del pensamiento.

> Existe el *management* por oleadas. Es increíble la uniformidad de mensajes que una moda es capaz de crear.

Me di cuenta de que había cierta saturación, cansancio y desencanto de tanto post-modernismo y tomé, como tantas veces en mi vida, la dirección contraria: «los principios de gestión del abuelo». Algo tan evidente y tan a mano que nos pasa desapercibido, pero que es en lo que las personas creen y lo que las moviliza. Así que convertí mis conceptos de gestión en algo de proximidad. Algo accesible que yo no les transmitía, sino que hacía que ellos descubrieran.

> Estamos todos tan involucrados en lo cotidiano e inmediato que nos falta tiempo de reflexión para tomar conciencia de las valías que nuestro interior esconde.

Y eso me llevó al éxito. Una vez más mi «ser de pueblo» me acercó a las personas y me hizo ganarme su confianza. Mi labor es más la de extraer la potencia oculta que llevan las personas que la de enseñarlas. Ir de «listo» provoca reactividad, mientras que adoptar la figura de codescubridor genera alianzas mucho más rentables.

Sacar adelante un proyecto de cualquier tipo exige entrega y esfuerzo, pero también suerte.

> La suerte puede pasar y para convertirse en éxito tiene que encontrarte trabajando, ilusionado y dispuesto a asumir ciertos niveles de riesgo que te distancien de la zona de acomodamiento.

Y si esto es importante en la vida, más lo es en el mundo de los negocios. La suerte es importante. Yo no me considero una persona especialmente inteligente, aunque sí entusiasta y trabajadora. Pero conozco a otras muchas más inteligentes y tan trabajadoras como yo a las que la suerte se les ha negado. Debo reconocer modestamente que una buena estrella me ha acompañado a lo largo de toda la vida, al menos hasta estas fechas. Esperemos que durante lo que me queda de vida me siga acompañando.

Capítulo 21. El trasfondo en la dirección

S i no dotas a tu modelo de dirección de un pensamiento de fondo y consistente, estarás vulgarizando tu misión y convirtiéndola simplemente en un modo de hacer. El arte de dirigir es una de las profesiones más sofisticadas, complejas y valiosas que existen si se la dota de un trasfondo sólido en el que puedan encajar tus convicciones. Eso te permitirá mirarte honestamente al espejo sin sonrojarte al cruzarte con tu mirada.

Dirigir exige tener una filosofía de vida y conocer la importancia de las personas y sus familias.

La reflexión es, por consiguiente, una de las herramientas más esenciales para el progreso de las personas. El conocimiento y la experiencia aportan un valor excepcional si se reflexiona y extraen conclusiones sobre los aciertos y los errores.

Si te preguntas: ¿cuál es el sentido de mi trabajo directivo? y obtienes una respuesta valiosa y sólida, tu comportamiento se dotará de excepcional energía. Si la respuesta es vulgar y alejada de las convicciones de la conciencia, nos estaremos convirtiendo en autómatas que trabajan por el simple rendimiento económico. Pero la acción de las organizaciones, de las empresas y de la economía en general solo tiene sentido si se concibe como una aportación al desarrollo de los seres humanos. Y me refiero a un desarrollo completo y no tan solo al meramente económico.

> Hay preguntas que muchas personas no saben que se hacen, pero cuyo subconsciente no deja de hacerlas.

A esas convicciones que siempre, desde niño, estuvieron en mi interior, debía dotarlas de una aplicabilidad práctica y demostrar la utilidad y fuerza que aportan al *management*. Esa fue la razón por la que comencé a escribir mis primeros artículos, luego ensayos, después algunas ponencias y finalmente libros sobre este apasionante mundo que en definitiva no es más que el de las relaciones humanas.

Cuando hablo de trascendencia social no me refiero a eximir de responsabilidad a las personas ni al igualitarismo sino a crear ambientes que promuevan oportunidades de progreso y desarrollo. Sobre la dádiva frente a la dignidad, en un artículo reflejé las lecciones del banco Grameen, que trascribo:

«Si les nombro a Muhammad Yunus habrá pocos que identifiquen a esa persona. Si les digo que es el presidente y fundador de Grameen habrá algunos más que sepan a quién me refiero. Y si les digo que fue el inventor de los microcréditos, prácticamente todo el mundo sabrá quién es. Se trata del llamado banquero de los pobres.

»El señor Yunus durante, un viaje en India encontró a una señora que confeccionaba una mesita con varas de mimbre. Conversando con ella descubrió que para poder adquirir los materiales básicos para construirlas se veía obligada a pedir dinero a prestamistas que cobraban un tipo de interés abusivo del diez por ciento mensual. Con todo ello, cuando lograba venderlas, su beneficio eran unos miserables centavos.

»Su primer impulso fue ayudar a aquella persona ofreciéndole el insignificante importe que precisaba para poder realizar aquel trabajo y sobrevivir. Luego tuvo la impresión de que aquella persona, o bien no aceptaría su caridad, o hacerlo le haría sentirse mal. Caviló sobre un sistema que pudiera servir de ayuda tanto a aquella familia como a otras que se encontraban en similar situación. Fue así como se le ocurrió crear un sistema de créditos micro. Aquello suponía que si cambiaba su forma de actuar podría conseguir ayudar a muchas más familias.

»Lo que estaba dilucidando era si tomaba la decisión de darle una ayuda puntual personal o si le ofrecía una oportunidad de rehacer y reconvertir su vida. La caridad mal entendida puede afectar a la dignidad de la persona; es solo un calmante para la conciencia. Dar oportunidades a las personas significa colaborar en que puedan activar su potencial y respetarse a sí mismas; darles herramientas para superar su entorno de miseria.

»Ayudar no significa eximir de responsabilidades, sino ofrecer posibilidades para que alguien pueda ser precisamente un buen cumplidor de ellas.

»Los caciques prefieren la magnanimidad gratuita porque los favores pendientes de cobro crean dependencia y control sobre las personas. Los líderes contribuyen a que las personas puedan encontrar un camino hacia su libertad y dignidad dándoles capacidad automotora.

Los caciques quieren controlar a las personas.
Los líderes favorecen su desarrollo.

»Quien devuelve un préstamo siente no deber nada y se enorgullecerá de su esfuerzo. Quien recibe una dádiva se sonroja y se ve empujado a esconder la cabeza.

La dádiva tiene un límite; un punto final. El préstamo social permite que el mismo volumen de dinero pueda servir para ayudar a otras muchas personas en idéntica situación y multiplica el factor solidaridad.

> Una sociedad subvencionada es una sociedad desvalorizada a la que se le devora su potencial de energía.

Ahora, en mi nueva profesión de mentor aquello que empezó como una afición por escribir podía convertirse en parte de mi trabajo. Y me preocupaba demostrar con hechos y comportamientos que el ser humano, cooperando y dotado de energía, es capaz de superar los mayores retos.

Mi admiración y después mi afición por la escritura proceden de la niñez. Con doce años comencé a escribir mi diario. Tenía catorce años cuando se publicó mi primer artículo en *El Diario Montañés* en el que trataba mi admiración por el deporte de los bolos; ese juego rústico y rural de gran tradición y, especialmente en aquel momento, cotidiano en la vida de nuestros pueblos.

Pero afrontar la creación de un libro resulta ser un reto excepcional. Por lo que se refiere a mis escritos profesionales, empecé por escribir libros sencillos −siempre he pretendido que lo fueran−, destinados a los jóvenes. El primero que vio la luz fue el que titulé *La empresa*; después el de *La financiación en la empresa* y luego *Iniciación al mundo empresarial*. Para mi sorpresa algunos de estos fueron recomendados por una institución pública para alumnos jóvenes que estudiaban grado medio de administración de empresas, lo cual les dio una importante tirada.

Debo dejar dicho de forma bien clara y rotunda que nunca he perseguido el beneficio económico con las ediciones de mis libros sino un modo de ayudar al progreso de las personas.

Luego llegó el de *Talento negociador*, que se ha convertido en un referente; más tarde el dedicado al *Imbécil relacional en la negociación*, cuyo objetivo creo que queda bien claro en su título.

Pero también en mi vida he visto llevar a cabo muchos disparates en las organizaciones empresariales. He procurado tomarlas siempre con humor y cierta distancia para aprender de ellas, pues como fuente de enseñanza me parecen excepcionales, y por eso publiqué *El dislate en el management*, un seleccionado conjunto de anécdotas con las que muchos se identificarán por haberlas vivido de cerca. Eso me ha hecho aproximarme a un concepto interesantísimo como es el de la idiotez en el comportamiento humano y el empeño con que en muchas ocasiones se pierde energía, se impide el desarrollo o incluso se destrozan avances por el apasionamiento que es capaz de generar la estupidez, tanto individual como colectiva.

Secretos de la persuasión positiva está escrito en forma de breves mensajes que, estructurados como pensamientos cortos, conforman un modo de facilitar la reflexión. Estamos ya en el mundo en el que las personas se han acomodado a Twitter y cualquier otro modelo de mayor longitud les agota las neuronas.

En *Liderazgo por impulsión; conquistadores de ombligos* reflejo lo más sofisticado que la observación me enseñó a lo largo de la vida. Por resumirlo brevemente, lo extractaría del siguiente modo: no se puede entender a los seres humanos y sus reacciones sin comprender que es una especie que tiene endiosado a su ombligo. Cada cual al suyo. De tal forma que las personas padecemos obligo-esclerosis o, lo que es lo mismo, vivimos recibiendo continuas exigencias de nuestro ego-ombligo y actuamos para satisfacerlo. Desde esta perspectiva el ser humano es esclavo de su propio ombligo. Los ombligos se conectan y «dialogan» creando relaciones interpersonales mucho antes de que la parte racional haya podido hacerlo, y en gran parte eso contamina la predisposición. Hay quienes a través de esos subliminales «pedúnculos conectivos» de comunicación generan predisposición positiva y en general un sustrato proclive a la cooperación. Y hay quienes consiguen todo lo contrario.

El liderazgo inteligente y entendido como la capacidad para movilizar personas de forma positiva, a diferencia de la mera y burda agitación de masas se fundamenta en la cualidad de encontrar movilizadores positivos y de cooperación entre las personas. Por consiguiente, la gestión del ombligo propio para convertirlo en herramienta proactiva es el primer paso para poder acometer después la movilización de los demás. Las argumentaciones racionales caerán sobre un terreno abonado y proclive a una gran cosecha, en la medida en que el ombligo del otro, previamente conquistado, le resulte favorable por haber sido conquistado.

En relación con el contenido de este libro viví una anécdota sorprendente que no me resisto a relatar. Un par de meses después de haberlo publicado encontré unos estudios del doctor Gershon de la Universidad de Columbia que en su libro *El segundo cerebro* afirma y explica cómo los seres humanos, al igual que los animales, disponemos en nuestro aparato digestivo de cien millones de neuronas iguales a las del cerebro y que ahí se destila el 90% de la serotonina. Aquella lectura me dejó atónito. Ahí estaba la explicación científica —que hoy conforma una especialidad médica conocida como Neurogastroenterología– que estudia las actividades, comportamientos y funciones de esta segunda inteligencia.

Cuando los animales barruntan acontecimientos que van a suceder mucho antes que los seres humanos (terremotos, por ejemplo), es porque su cerebro gastrointestinal actúa y les envía mensajes que ellos atienden. La especie humana, al haber desarrollado especialmente el proceso racional, ha abandonado el hábito de atender los mensajes de ese segundo cerebro, pero eso no significa que no se encuentre activo o que no ejerza influencia sobre nosotros.

En las páginas de ese mismo libro explico el aún incipiente desarrollo del «ser superior», como nos autodefinimos. En el caso del liderazgo hemos pasado del liderazgo por empujón al liderazgo por tirón, pero aún nos falta descubrir el automotor que denomino *liderazgo por impulsión*, que consiste en ayudar a que los seres humanos enciendan su propio motor y pongan en marcha sus capacidades de liderazgo. Eso cambiará el mundo a través del cambio de las personas. Surgirá un nuevo y enriquecedor tejido relacional cooperativo. Y con ello una nueva economía.

> Aún somos muy primarios en los modelos de liderazgo.

Tras ese libro escribí y publiqué *Iniciadores de negocios*, un libro que busca acercar de forma realista a la vida de un emprendedor, que el mito del emprendimiento ha desdibujado.

Ya esperan en la cajonera otros dos libros, el primero, *Atrapados por el futuro*, explica mi visión proyectiva de cómo se puede desarrollar nuestra sociedad, nuestras megacorporaciones y las personas de cara al porvenir próximo.

También explico los círculos de acoso que se ciernen sobre nosotros a través de los movimientos más peligrosos en los que estamos dejándonos embutir. Pretende orientar a los jóvenes para que vayan concibiendo sus vidas de un modo ágil, abierto y flexible. En el siguiente recurro nuevamente al humor y he titulado *27+1 formas de hundir una empresa* a las extravagancias del *management* postmoderno tan apasionado por mitos como la innovación. Dejo de relieve que la idiotez existe incluso a pesar de que tenga muchos seguidores.

De este modo he ido construyendo un *mentoring* de proximidad, muy pegado a tierra, desmitificador y autocrítico con los comportamientos pantalla y engañosos. El directivo tiene una gran responsabilidad y por tanto debe construir un pensamiento consistente que tenga como eje central a la persona.

Capítulo 22. La aspiración internacional

Desde mis inicios profesionales el contacto internacional ha estado presente en mi vida de una u otra forma y con mayor o menos intensidad. Eso me ha aportado muy interesantes experiencias y la interacción con diferentes formas de acometer la vida. Uno se da cuenta de que las formas de pensar son muy variadas y que la sensatez puede manifestar de modos muy diferentes. Porque he trabajado con personas de muchas partes del mundo y, habiendo escuchado planteamientos muy diferentes ante los problemas y situaciones a resolver, todas ellas tenían una dosis de sensatez y lógica irreprochables.

La insensatez es mucho más uniforme y en todas partes produce los mismos horribles resultados.

Cuando di mi nuevo salto al mundo del emprendimiento y construí mi proyecto como mentor de lo intangible, uno de los asuntos que me parecieron más complicados fue mantener mis relaciones internacionales. Expandir internacionalmente un nuevo negocio no es cuestión fácil, pero es imposible si no lo intentas, así que lo puse en mi punto de mira.

Sorprendentemente las cosas se pusieron de cara cuando una compañía internacional contrató mis servicios en España. Debo matizar que no todas las corporaciones multinacionales son internacionales, y explico la diferencia. *Multinacional* es aquella empresa que se encuentra representada en diferentes países. *Internacional* es aquella que además se encuentra en una etapa superior y ha dado el paso de conseguir mezclas culturales, tránsitos de personas de diferentes partes del mundo y trasferencia de conocimientos y experiencias de unos a otros lugares.

> Estar en muchos países no significa tener el marchamo de internacionalidad.

Esa compañía internacional, tras contratar mis servicios en España decidió que los excelentes resultados que aquí se habían conseguido podían transferirse a otros de los países en los que se encontraban implantados. Para ello, en una oportunidad en la que se juntaron en una convención me invitaron a dar una conferencia tras la cual los representantes de diversos países me contactaron para exponerme su situación particular y conversar respecto a la posibilidad de realizar algún proyecto de trasferencia a sus países. Así empezaron, otra vez por casualidad y buena suerte, aquellos incipientes contactos internacionales en mi nueva vida. Luego todo fue rodado; unas compañías me recomendaron a otras y se organizó de forma inesperada una cadena de contratos.

Latinoamérica –que debo reconocer es una de mis pasiones– me abrió sus puertas y acudí con toda la ilusión. Ya la conocía bien, pero a pesar de eso recibí de allá muchas interesantes lecciones.

Quizá distinguiría dos de ellas: la primera es que las gentes humildes conservan y cuidan comportamientos más educados. La segunda, que el interés por la formación y el progreso de aquellos países es muy superior al de España;

quienes aspiran a progresar en la vida e incorporarse a la clase media saben que la buena formación, más allá de los títulos, es un elemento indispensable. De ahí el interés, profundización, respeto y esfuerzo que demuestran. Lo consideran un privilegio y como tal lo valoran. No conozco carcoma peor para una sociedad que el acomodamiento cultural y la relajación en el esfuerzo y los comportamientos.

Por otra parte, las clases sociales de mayor rango de allí han podido acceder a estudios en prestigiosas universidades, fundamentalmente en USA o en sus propios países, pero modeladas bajo la concepción *yankee* de la cultura y los negocios. Sin quitarle ningún mérito a esos principios, metodologías y contenidos, se podía percibir una cierta saturación respecto de aquel modelo «norteamericano» y en algunos casos hasta un rechazo a lo que consideraban un nuevo modo de invasión cultural. Aquella demostración de «superioridad» les producía cierta aversión.

El hecho de acercarme a ellos desde unas posiciones culturales mucho más próximas y, sobre todo, no ya desde el respeto sino desde la admiración sincera a los muchos aspectos positivos de cada país me facilitó enormemente las relaciones y me permitió hacer excelentes amigos, de lo cual estoy, no solo orgulloso, sino que lo considero uno de los mayores patrimonios que he conseguido.

Los encargos comenzaron a multiplicarse hasta el punto de llegar a vivir alrededor de cuatro meses al año allí y de que casi un cuarenta por ciento de mi facturación se realizara en aquel continente. Aquello cambió radicalmente mi vida y aproveché la situación para que mis hijos, como estudiantes que eran, tuvieran la oportunidad de acompañarme en algunas ocasiones y visitar conmigo algunos países con la intención de que conocieran otras culturas y admiraran sus valores como yo. Así se fue conformando un nuevo modo de vida con muchas e interesantes aristas.

Aprendí además que los ritmos temporales son muy diferentes en cada cultura y eso me enseñó a modular el «tempo» y a hacerme más calmado.

Unas referencias me fueron contactando con otras; unas compañías con otras y así fue creciendo de forma natural mi presencia en aquellos nuevos y lejanos mercados.

La vida tomó una dimensión que me exigía mucho esfuerzo pero que conllevaba enormes satisfacciones y sobre todo mucha ilusión. La diosa Fortuna había tocado a mi puerta una vez más.

Capítulo 23. La reconversión

Nunca me han gustado aquellos que piensan que han prestado un gran servicio a la Humanidad al poner su cuerpo en este mundo y que ahora nos toca a los demás asumir la obligación de que sean felices. Son simplemente unos ególatras.

La vida, buena o mala que nos toca vivir, hay que pelearla y forjarla. Las oportunidades no aparecerán si no estás husmeando su aparición.

A veces me pregunto cómo hubiera sido mi vida o lo sería hoy si hubiera sucumbido al confort en vez de entregarme a la inquietud. La mayor parte de las personas de mi generación teníamos como aspiración poder acceder a formar parte de la plantilla de una gran y sólida compañía donde tendríamos garantizadas estabilidad, seguridad, un salario satisfactorio e incluso unos complementos sociales. Luego, si demostrábamos tener ciertas cualidades, seríamos trabajadores fijos y, si la suerte ponía su grano de arena, iríamos ascendiendo de posición consiguiendo de este modo mejoras en las que viajar hasta el momento de la jubilación.

No voy a negar que en mi caso también esa era la perspectiva que veía en mi horizonte, pero las cosas comenzaron a presentarse de forma diferente. Llevo la inquietud en los genes y quizá inconscientemente esos hayan sido los que me han influido para que la vida se haya presentado del modo que he relatado.

Todos tenemos grandes contradicciones y en mi caso la mayor tal vez sea que siendo persona disciplinada nunca he podido aceptar formar parte de una cadena de mando sin aportar valor añadido. Probablemente eso y mi primer trabajo como colaborador en el reto de desarrollar un nuevo proyecto marcaran definitivamente mi recorrido. No sé, y nunca llegaré ya a saber, si las cosas se hubieran desarrollado del mismo modo si por ejemplo hubiera accedido a entrar como comercial en un gran banco o si me hubiera incorporado a Renfe o a otra empresa pública nada más finalizar la universidad. Pero las cosas comenzaron a trazarse de modo muy distinto al de la gran mayoría de jóvenes universitarios de mi generación.

Tampoco sé cuál hubiera sido mi recorrido si la intuición no hubiera jugado el papel que ha jugado en mi vida. Por eso, cuando veo llenar las cabezas de nuestros niños, adolescentes y universitarios con importantes dosis de ciencia y conocimiento —lo cual me parece excelente—, siempre suelo levantar la mano para sugerir que dejen hueco para la libertad que conlleva la imaginación y para que desarrollen las mayores habilidades relacionales posibles para que, siendo positivos, lleguen a construir un entorno y una sociedad que maximice el rendimiento de la cooperación y haga crecer el capital relacional, que es sin duda la más rentable de las inversiones que podemos hacer. Ese es el mayor reto de la Humanidad. El resto será una consecuencia.

> Parece que se nos educa en el éxito y por consiguiente se nos aficiona a endiosarlo y admirarlo.

Por eso se sitúa una y otra vez ante nuestras narices la imagen de las mega-corporaciones con su inmenso poder. Pero, tal vez deberíamos preguntarnos más: ¿qué es el éxito?

En primer lugar, se nos dibuja el éxito como si fuera una meta, cuando, sin embargo, tan solo es una foto fija en un simple instante; algo valioso, sin duda, pero pasajero; un eslabón más en el camino. En la vida de la empresa no existen metas sino trayectorias orientadas hacia un horizonte y lo mismo sucede en la vida. Nunca llegas, y cuando te detienes en el destino final solo te queda mirar el recorrido que has sido capaz de trazar.

Otra característica de mi personalidad es que nunca me ha gustado cabalgar en la dirección de la masa porque, como escribí en una ocasión, «es lo más fácil para conducirte hacia la ciega estupidez». Así que si no me gustaba el rumbo de la organización me oponía a ella, y si me satisfacía, procuraba salirme del camino para adentrarme a husmear nuevos desarrollos. El caso era «no ir por el camino trazado». Siempre me han apasionado más las trochas que las autopistas.

Esos rasgos personales son probablemente los que me empujaron a ser feliz ante el reto de reconvertir proyectos en crisis o más precisamente de ayudar a los equipos a desarrollar su potencial y capacidades para transformarlos.

Para ejercer la profesión actual de mentor es imprescindible tener fe en las personas, aun sabiendo que algunas de ellas no son merecedoras de ella o incluso se conviertan en tu mayor desengaño. Pero eso no es óbice para seguir luchando, porque el bien comunal –y no me refiero al beneficio–es mucho mayor y más loable que la simple desavenencia con alguien.

Curiosamente he comprobado que la transformación de proyectos en crisis crea en las personas una sensación de contribución y pertenencia mucho mayor que la de aquellos que se encuentran en fase de pleno desarrollo y éxito. Quizá la percepción colectiva de riesgo sea capaz de generar más unión entre las personas que la de acomodamiento y satisfacción plenas. Quizá cuando estamos gozando de la satisfacción del reto conseguido es cuando nos encontramos en mayor nivel de riesgo ante el futuro. Porque el éxito es mucho más pasajero que el fracaso.

Quienes hemos tenido que trabajar para conseguir la reconversión de organizaciones en situación de crisis sabemos que es una tarea ardua pero ilusionante. Fue Winston Churchill quien dijo que un político deja de serlo para convertirse en estadista cuando empieza a pensar en las generaciones futuras.

Cuando me piden definir qué es una organización en crisis siempre me refiero a aquella en la que el nivel de energía activa se encuentra por debajo de los niveles de aceptación razonable; es decir, aquellas cuyo aprovechamiento de la energía disponible es escaso y una parte sustancial de ella se deriva para engrosar el nivel de desperdicio.

¿Quiere esto decir que hay falta de actividad en las personas? No necesariamente. A veces es cierto que se pueden percibir una abulia o un desinterés notorios, pero en otras situaciones llega a existir incluso hiperactividad, aunque sin sentido, coordinación o rumbo. No solo los estados depresivos denotan crisis. A veces también la euforia es una pantalla tras la cual se esconde una crisis subyacente que puede ser incluso más peligrosa. La inconsciencia sobre la existencia de una crisis no significa que no exista. Lo que es claro es que para cuando las personas perciben el estado de crisis, este ya lleva latente mucho tiempo.

La inconsciencia grupal acerca de la crisis no significa que esta no exista.

La energía, también en el caso de las organizaciones sociales, ni se pierde ni se destruye sino que tan solo se transforma, de modo que cuando no se mantiene en un estado activo, va pasando a otro pasivo. Digamos que hay dos grandes sustratos que actúan a modo de «bolsas amnióticas» o culturales en las que la empresa desarrolla su vida y que conforman una atmósfera envolvente positiva o negativa.

En cada una de esas «bolsas» pueden darse diferentes estadios o comportamientos. Así, por ejemplo, entre las bolsas de energía pasiva se encuentran las de descontrol, derrotismo, manos-tijeras, depresión, desarraigo, adaptación, exploración y reajuste. Algunas de ellas como veremos, se muestran principalmente en situaciones de descenso mientras que otras, sin embargo, reflejan indicios de ascenso o progreso.

Por lo que respecta a la bolsa envolvente de energía activa, las situaciones que pueden observarse son las siguientes: euforia, acomodamiento, estatismo, nueva visión, oportunidad, nuevo modelo y éxito.

Se trata de un proceso continuado que a modo de ola moviliza el flujo energético, es decir, el estatismo no existe. Las organizaciones, entendidas como colectivo supra-individual, siempre fluyen en el líquido amniótico del sentimiento cultural y se sitúan en cada uno de esos estadios que vienen a reflejar el posicionamiento de la gran mayoría de las personas.

En qué momento acometer la transformación

Organizaciones ricas aparentemente sólidas y con ingentes beneficios pueden estar en estado de crisis latente por el acomodamiento de las personas. Pero ese estado subliminal aún no ha aflorado.

Cuando el sentimiento pesimista aflora y se evidencia para la gran mayoría de individuos, la sensación de crisis se generaliza. En esa situación todos detectan el peligro y la gran mayoría reclama que se adopten medidas que permitan afrontarlo.

> Cuando la sensación de crisis se generaliza, la necesidad de una transformación es fácilmente aceptada y hasta deseada. ¡Pero quizá ya sea tarde!

En estos momentos, a pesar de la dificultad de desarrollo, y precisamente por ella, trabajar la gestión de la trasformación y aplicar las medidas correspondientes se hace en cierto modo más fácil al poder contarse como mínimo con la comprensión y a veces hasta con la predisposición de las personas.

Evidentemente, las medidas a adoptar afectan en ocasiones a los contenidos esenciales o *«core business»* del negocio que con frecuencia habrá que re-enfocar.

¿Qué sucede cuando lo que se pretende es acometer la reconversión y la organización se encuentra en estado de energía positiva activa? Quiero dejar constancia de que estas situaciones son las más complejas de resolver y acometer, debido a que la perspectiva de la mayoría de los individuos es que «todo está bien y bajo control», por lo que impera la sensación de que «modificar las cosas no es necesario», y no hará más que empeorar. El «contraste» es significativo y curioso.

> Cuando las cosas van bien y existe energía positiva la conciencia de acometer una reconversión suele ser mínima o inexistente.

Sin embargo, cuando las perspectivas ambientales son negativas, la conciencia de tener que remodelarse es más elevada.

Es evidente que la visión que necesita quien decide acometer una transformación en estados de éxito es mucho mayor que quien la acomete cuando ya todo el mundo tiene la sensación de que es imprescindible. Pero como siempre sucede, cuando la mayoría de seres humanos ya perciben la crisis es que las dimensiones son descomunales y sus consecuencias agobiantes por los daños que causa.

Quiero decir que la tarea del transformador se facilita, o es más comprendida, cuando la crisis se encuentra en pleno apogeo, para llevar a cabo las reformas. Sin embargo, en ese momento es cuando más escasos son los medios materiales para acometerla y menores las dosis de energía social positiva de las que se dispone.

No me resisto a insistir siempre en que el estado de euforia es el primer impulsor de las crisis. Cuando las organizaciones «sienten el éxito» se vuelven dominantes en sus comportamientos, se enorgullecen de los resultados conseguidos y su «ritmo de pedaleo» se afloja al aparecer la prepotencia en forma de acomodamiento y estatismo, que son los detonantes de la situación de crisis. Una sintomatología clara es la caída del ritmo y la tendencia a la «sensación de disfrute» como un derecho adquirido para saborear los logros y éxitos conseguidos.

> El conformismo es el primer síntoma de crisis.

Esa es precisamente la etapa más peligrosa, porque se hace muy baja la conciencia o necesidad de cambio.

Cuando la mayoría social percibe encontrarse envuelta en el halo amniótico negativo es que ya las cosas están seriamente dañadas. Sus «detectores» habituales son el descontrol y el derrotismo. Entonces ese estado de ánimo negativo con sensación de caída libre es lo que da paso a la aparición de los «manos-tijeras» que pretenden resolver las situaciones a base de recortes drásticos en lo superfluo y hasta en lo necesario. Son los bomberos que actúan en emergencias. Evidentemente permiten «salvar algunos muebles» y evitar la extensión del incendio, pero sus habilidades no son constructoras. Están diseñados para salvaguardar lo básico en casos de emergencia. Nadie los llamaría para construir un edificio.

Se puede ser comprensivo con su actividad y hasta vitorearla y distinguirla, pero luego hay que hacer pasar a los albañiles. Y esa es la «masa social». Lo que sucede es que en estas ocasiones su «sentimiento» es deplorable y su tendencia hacia el fomento de la actividad se encuentra bajo mínimos. Hasta que una mayoría no se sitúa en estado depresivo e incluso de desarraigo no empieza el germen de la proactividad a florecer y a vislumbrarse el del futuro primero en forma de adaptación o asunción de la situación, después en estado de exploración de alternativas y finalmente de reajuste mental, energético y físico.

¿Cuáles son las claves de la reactivación?

Cuando las personas vislumbran que el pasado es ya un recuerdo y solo nos queda inventar un nuevo futuro, es cuando la energía comienza a fluir por las venas sociales de la organización. Cuando las personas asumen que se deben encontrar nuevas fórmulas de colaboración entre unos y otros. Entonces el proyecto empieza a vislumbrarse como factible y arrancan los esfuerzos de ascenso al puerto de montaña que se sitúa como el horizonte azul en forma de logro realizable.

Es a partir de ese momento cuando las dosis de energía positiva empiezan a fluir. Cuando las personas visualizan unas aspiraciones que merecen la pena. Ese es el combustible de mayor calidad y octanaje para comenzar a promover el desarrollo y el que conduce al éxito nuevamente.

Cuando las personas perciben expectativas en el horizonte, inmediatamente empiezan a sentir que los esfuerzos merecen la pena y la organización se dinamiza positivamente.

> Un horizonte con perspectiva es el mejor activador de una organización.

El foco de la reactivación no es por lo tanto la gestión de los contenidos, que es cierto, sino especialmente la movilización de la energía de las personas, evitando cortapisas, facilitando su espíritu explorador y fomentando su propensión a activarse cuando «su sentimiento y creencia» es que vale la pena hacerlo.

A veces parece que hay que aclarar lo evidente. Estamos hablando de personas; de cómo promover facilitar su visión y perspectivas para conseguir la activación de su energía disponible. Son las personas las que resuelven las crisis, no solamente las medidas técnicas. Las personas son el elemento *«sine qua non»* que produce la activación. Y mientras las personas «no sientan», lo que es mucho más poderoso que el hecho de «tener o poseer», que pueden luchar por el horizonte, su energía permanecerá agazapada.

Gestionar transformaciones y recuperaciones en una organización no es trabajo de un técnico sino de un humanista. De alguien que sabe de personas, se preocupa por las personas, entiende a las personas y sabe activar los movilizadores de las personas. Eso explica por qué excelentes tecnócratas yerran en sus medidas mientras que líderes con menores conocimientos consiguen ilusionar y activar a la gente. La clave está en activar el «cerebro sensitivo», el área de nuestra mente donde radica la fe, la solidaridad constructiva y el optimismo, mucho más que en agotarse dando explicaciones racionales que las más de las veces ni se entienden ni se «creen».

> Los formatos activadores pueden ser variados, pero en cualquiera de los casos, las claves de la remodelación están en la gestión de la energía de las personas.

Si quieres oír a Julián hablando de la importancia de la ilusión como factor de motivación, puedes hacerlo con ayuda de este bidi:

Las «recetas» estándares no valen

Cada organización tiene su propia cultura, sus propios sentimientos y sus propios sistemas perceptivos. No se puede activar de igual forma a unos que a otros. Tratar de estandarizar la fórmula es una estupidez.

Los grupos sociales tienen creencias distintas y digieren de diferente modo los mensajes que perciben. Hay muchas, especialmente las latinas, que se mueven más por lo «perceptivo sentido» que por lo «racionalmente explicado». Y aun así, cada una de ellas necesita recibir el mensaje del modo, en la forma, con la intensidad y orientación a los que les impulsan sus convicciones internas.

Las personas pueden ser cómodas pero no son bobas, aunque la comodidad sea una forma de idiotez. Cuando se las consigue activar descubrimos que guardan dentro de sí multitud de ideas y sugerencias que pondrían en marcha para mejorar la eficacia de las actividades que desarrollan. Todo ese «conocimiento social» se desaprovecha cuando se les imponen instrucciones sin consultarles ni admitir opiniones. Y las opiniones no desaparecen ante la fuerza de la autoridad, tan solo se esconden y quedan aletargadas o incluso convertidas en «reactividad sublatente» que no por no mostrarse deja de existir.

Tener acceso a ese «saber social» es el primer paso antes de conseguir activar la energía disponible que anda escondida y desperdigada en todo el conjunto de la organización. El paso previo entre ambos estadios es conectar con la sensibilidad social. Puede sonar cursi pero lo he comprobado en mis propias experiencias multitud de veces. Lo primero para transformar una organización de forma positiva es «amar a la organización». Y ese «amar» se traduce en «hacerla sentirse amada», porque de ahí se derivan valores tales como la confianza, la aceptación, el deseo de contribución y hasta la comprensión, incluso de las decisiones que pueden resultar erróneas.

Que una decisión sea difícil de tomar no quiere decir que no pueda ser comprendida por el «entorno social». Son quienes se blindan ante la organización y las personas quienes imponen una barrera de incomprensión y desconfianza.

La cercanía, al igual que la claridad, acerca y permite adoptar medidas con menores daños colaterales y mayor eficacia en su implantación.

Hay algo que quiero dejar bien claro. La necesidad de contundencia y rigor en la adopción de determinadas medidas no está reñida con el liderazgo. Los choques y las situaciones conflictivas se deben, en la mayor parte de ocasiones, no tanto en relación a los contenidos, sino por los modos y las formas que se emplean.

La prepotencia, la displicencia, la cerrazón ante las sugerencias y la falta de escucha actúan como aislantes. Son demonios que acosan a quienes debieran comportarse como líderes y los convierte en simples mandatarios que basan su poder solo en sus actitudes de fuerza de voluntades, cuando podrían multiplicar la energía disponible con actitudes de inteligencia colaborativa.

El mandamás no ejerce el liderazgo

Por otra parte, recurrir a la imposición como primera medida sin antes haber sido capaz de intentar poner en marcha la activación energética es absurdo, porque en caso extremo el curso de órdenes o instrucciones siempre es una opción factible como último remedio, lo cual requiere saber actuar en el momento oportuno.

> Las decisiones duras y el rigor no están reñidos con el liderazgo.

Esta es una muestra de la «confusión conceptual» que tiende a identificar lo burdo en formas con la contundencia, cuando en realidad no es más jefe quien más ordena sino quien mejor y más moviliza voluntades.

Up and down

Son las dos fuerzas que permanentemente se encuentran en constante flujo en el interior de cualquier organización. Las unas son promotoras y empujan hacia nuevos logros mientras que las otras son reactivas e inducen al conformismo.

Mientras que las primeras son impulsoras, las segundas son demoledoras. Las primeras generan un estilo cultural identificable con una sonrisa hacia el horizonte, fe en las expectativas e ilusiones; las segundas empujan a la desidia, la desesperanza, el todo vale, la desilusión y el abandono.

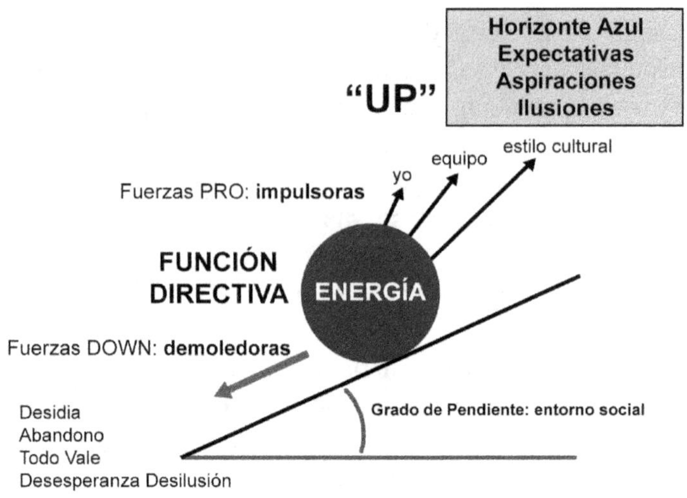

En el gráfico las reflejo, a propósito, sobre un plano inclinado en el que las «*up*» se encuentran en la cima y exigen esfuerzo, sacrificio, persistencia y optimismo. Las «*down*», sin embargo, se pueden alcanzar dejándose llevar, con complacencia, aceptando el «qué más da», siempre acomodaticio, y la vulgarización.

Quiero reflejar con ello que alcanzar un logro ni es fácil ni cómodo. Requiere persistencia y energía activa, aunque produce impresionantes efectos.

En este gráfico explico la rentabilidad de un «energón», definido como unidad de energía activa cuando se le aplica un tipo de interés o rendimiento del 3, el 5, el 7 o el 10 por ciento y los efectos que se pueden conseguir a corto, medio o largo plazo (5, 10 o 30 años).

....

Las organizaciones de hoy son producto del estilo
relacional de ayer.

....

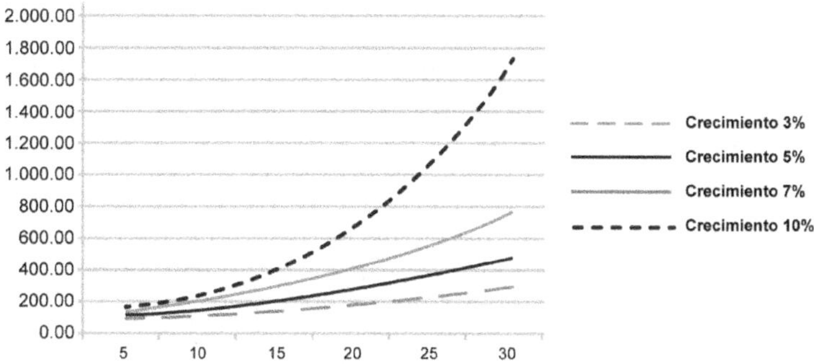

Es impresionante la proyección. ¿Quién renegaría de una energía promotora que es limpia, renovable, barata, hiperactiva y auto-regenerable? Pues ese poder está a nuestro alcance para conseguir cualquier transformación organizativa.

Sucede que esta energía está alejada de la vulgaridad, de los egos, de la amoralidad y del deshonor.

Pensar que las personas trabajan por dinero es una simplicidad. Y pensar que se movilizan solo por dinero es una ridiculez que un líder no puede permitirse porque es desconocer al ser humano y rebajar su nivel.

Las personas se hacen varias preguntas sustanciales: ¿por qué? ¿para qué? ¿para quién? ¿con quién? ¿cómo?... trabajo.

Esas preguntas no necesariamente las desarrollan todas las personas de igual manera, ni tampoco muchas tienen conciencia de hacérselas. En muchos casos bullen en el subconsciente y son las causantes de buena parte de las sensaciones de estrés y angustia en las que viven así como de la energía que entregan a su organización.

El «¿por qué trabajo?» puede tener una respuesta muy pobre y básica si se corresponde tan solo con... «para ganarme la vida y sobrevivir». Suele asociarse a las posiciones más básicas y las que ofrecen un porvenir más previsible y elemental en la vida. Las personas que tienen escasas perspectivas o ven muy limitado su horizonte suelen situarse en posición bien de búsqueda de nuevos proyectos o en situación de un acomodamiento y rendimiento anodinos, equivalentes a las perspectivas de desarrollo que perciben.

Con el «¿para qué?», las personas analizan si su actividad tiene algún valor, además del material que les reporta en forma de remuneración o salario. Cubre el sentimiento de «participación» e «identificación» con lo que se hace y la actividad que se desarrolla. Si a la actividad no se le encuentra sentido sustancial, la energía proactiva no se desarrolla o se queda aletargada.

El «¿para quién?» se relaciona directamente con la «admiración y el «respeto» que se siente por la organización y su estamento jerárquico. Aquí juegan un papel trascendental los juicios de valor y el ejemplo que se percibe de los diferentes cargos de la pirámide. La percepción de honestidad y estructura de valores organizativos e institucionales, además de los personales especialmente de los directivos sólidos, son un activador energético. Cuando se dan respuestas confusas, inciertas o dudosas, el sentimiento de integración desciende y la energía contributiva también languidece.

El «¿con quién?» se relaciona con la atmósfera o ambiente relacional que existe en el trabajo. Si el clima es de compañerismo, de responsabilidad, de trabajo en equipo y de coordinación, la actividad se multiplica, uno se siente «a gusto» trabajando y se ven los frutos del trabajo que se ejecuta. Los climas de cerrazón, de aislamiento, de acomodamiento, de sometimiento jerárquico, de amenaza permanente o de dejadez, hacen que la energía disponible se transforme mayormente en pasiva o en desperdicio.

El «¿cómo?» hacemos las cosas refleja la sensación de «voluntad de mejora», de «esfuerzo por el perfeccionamiento», de «participación en planes de mejora», tanto en procesos como en productos, atención a clientes, gestión e integración de proveedores, etc. Las sensaciones de «perspectiva de empresa» dentro del mercado, de su agilidad y adaptabilidad, de estabilidad futura y de capacidad de generar dinámica y nuevos proyectos son sustanciales en esta calificación.

Las respuestas a estas preguntas bullen en las cabezas de las personas. Si las respuestas que estas perciben son positivas, su grado de satisfacción con el proyecto de su organización y las personas que la representan será elevado, y ello es alto octanaje tanto para sí mismas como personas y como profesionales. Si las «sensaciones» son de «suspenso», y sobre todo si no existen visos de interés por llevarse a cabo una transformación, la pasividad, el desasosiego o la rendición serán carcomas que soterrada o descaradamente reducirán la actividad de la organización. Así se inocula el virus del desencanto.

Quiero significar que me he venido refiriendo a «percepciones» de las personas, es decir, las sensaciones que por diferentes canales reciben las personas. Los calificadores son los individuos en base a sus propios criterios de evaluación. Esas percepciones son «emitidas» desde la organización como ente por las personas que conforman sus cuadros de jerarquía y mando y por las inter-relaciones entre colegas, compañeros y subordinados. Están referidas tanto a la valoración de contenidos como especialmente al modo en que se convive y las perspectivas de desarrollo. Son por lo tanto los valores intangibles los que toman especial protagonismo, y estos pueden ser «manejados» por las empresas, instituciones u organizaciones, pero jamás impuestos por ellas. Hay que manejar elementos de gestión mucho más sofisticados y complejos que unas simples instrucciones operativas.

¿Existe un liderazgo del ***«down»***? Sí, es el liderazgo del derrotismo. De ahí surgen los movimientos populistas que aúnan las voluntades de los descontentos y los alientan hacia la destrucción en vez de hacia la construcción. Recogen el odio escondido, la animadversión, la ira, el resquemor o la venganza, impulsos que tienen origen en la falta de oportunidades o el desencanto. Cuando alguien no percibe espacio para sus aspiraciones ni posibilidades para su desarrollo, se concentra en destruir lo existente. Esos impulsos ancestrales y miserables, aunque comprensibles, recaudan muchos votos y hacen vivir muy bien a quienes de ellos se aprovechan.

Es el «liderazgo gangrena» que corroe y se extiende a gran velocidad destruyendo lo que encuentra a su paso. El camino de la destrucción es siempre fácil y atractivo por su visceralidad. La toxicidad es muy fácil de inocular. Basta con hacer salir el lado más animal y burdo de las personas. Lo desatan los demagogos, que con la destrucción obtienen algún beneficio personal.

Hacia el ***«up»***. La cuesta arriba requiere entrenamiento y sacrificio, pero ese esfuerzo produce el orgullo del logro y la superación, sensación de fortaleza y genera energía activa.

Focalizarse en el objetivo como única meta de nuestra existencia no es siempre lo más acertado. Una cosa es tener un objetivo que desear y otra bien diferente obsesionarse con él.

La meta nunca existe ni en la vida de las personas ni en la de las organizaciones. El objetivo por el que se lucha hoy solo es, cuando se consigue, un pico más dentro de la interminable cordillera que hay que atravesar. Por eso, obsesionarse con la superación de un objetivo produce en ocasiones mucha ansiedad y decepciones.

> Las personas y las organizaciones sobresalen mucho más cuando disfrutan en el trayecto.

El día a día gestionado de forma positiva es mucho más productivo y estimulador. Se trata de una carrera no de larga sino de infinita distancia.

El sentimiento de participar en una creación valiosa, de disponer de alternativas de progreso, de expectativas de desarrollo y el de disponer de un horizonte azul son estimuladores inagotables y de alto valor añadido.

Las fuerzas «*down*» en manos de un hábil demagogo pueden adquirir un extraordinario vigor inicial, pero la destrucción tiene un fin y se agota.

Las fuerzas «*up*», al contrario que las «*down*» son de larga longitud y persistencia. Nunca se acaban porque la imaginación y la creatividad de los seres humanos son inagotables, al igual que el entusiasmo que proporciona la energía necesaria para el desarrollo.

Como hemos visto, las fuerzas «*down*» empiezan a gestarse en el momento en que «el éxito» se normaliza como habitual y se percibe como una etapa consolidada a la que «se tiene derecho» por propia naturaleza, porque justo en ese momento de complacencia comienzan a flaquear las fuerzas «*up*».

El movimiento de cambio debería comenzarse precisamente cuando mayores son los éxitos, si bien es entonces cuando más hay que vencer la incredulidad y los movimientos estáticos del conformismo que no ven necesario el cambio. Pero ahí es precisamente cuando el liderazgo debe demostrar más fortaleza y mayor empuje debe conseguir mediante la activación de su prestigio.

Las fuerzas «*up*» y las «*down*» siempre están en continua convivencia. Serán las de mayor vigor las que finalmente acaben por imponerse sobre las otras. Y la energía de las personas se decantará dependiendo a las preguntas: ¿por qué?, ¿para qué?, ¿para quién? y ¿cómo?... trabajo. Porque en ellas está el valor del trayecto.

Estamos demasiado invadidos en nuestro pensamiento por un modelo que empuja a valorar la vida desde la perspectiva de lenta o rápida, intensa o sosegada. Y, sin embargo, el auténtico motor reside en evaluar su sentido y además los seres humanos encontramos mayor satisfacción en construir que en mantener.

PARTE II.
EL FUTURO ESTÁ AQUÍ
Capítulo I. Entre dos torbellinos

Todos somos hijos de nuestros referentes. Nosotros de jóvenes fuimos hijos de una generación de la ilusión en la que el esfuerzo de nuestros padres se veía compensado con que sus hijos tuvieran la educación que ellos no alcanzaron y la posición de confort y estabilidad social por la que ellos lucharon.

Trabajaron con la mirada más puesta en nosotros que en ellos mismos. Nosotros sentíamos el compromiso de compensar el esfuerzo de nuestros padres trabajando para tener una mejor formación y un estatus social más elevado que aquel con el que nuestros antepasados hubieran podido soñar. Al final la pérdida de esa ambición y el exceso de comodidad han llevado a una mezcla de entre dejadez y ambición cortoplacista desaforada que ha condenado a nuestros hijos a una situación inferior a la que nosotros alcanzamos. Tampoco aquellos días fueron fáciles. Cada momento tiene sus encrucijadas y cada generación se ve atenazada entre dos poderosos torbellinos. Hoy también estamos en un «tiempo encrucijada». Para superarlo con éxito, individual y colectivo, es especialmente importante reconocer su existencia y después situarnos ante las dificultades y manejarlos para afrontar los retos con las mayores opciones de éxito nuestra vida.

....

Cada época tiene su «tiempo encrucijada».

....

El remolino que nos agita está producido por el choque de fuerzas entre el torbellino de riesgos y el de oportunidades. La vigorosa acción entre ambos ha quebrado aquel mundo ya desaparecido, en buena parte previsible y seguro.

La adaptabilidad humana hace que cada vez que el torbellino de riesgos mueve una de sus aspas, un nuevo ente de oportunidades rebote con vigor espontáneo. Es el imparable efecto de acción y reacción.

Las dos ruedas, aunque enfrentadas, se encuentran engranadas y se regeneran la una a la otra. Cuanto con más fuerza actúa la rueda de las oportunidades, más fuerza trasmite a la de riesgos y viceversa. Es el ineludible espíritu trasformador de la raza humana.

....

Las fuerzas de acción y reacción vinculan el torbellino de los riesgos con el de las oportunidades.

....

Así, frente a los progresos de las biociencias, capaces de aplicar sofisticadas soluciones a la salud o la alimentación entre otros mundos, crecen los riesgos de la manipulación genética; ante la accesibilidad tecnológica, que facilita la vida de las personas, aparecen los opuestos de conductismo y dependencia; frente a los desequilibrios sociales, la multi-dispersión cultural busca ofrecer oportunidades de reacomodamiento terráqueo. Frente al despiste, el declive y la prepotencia de las megacorporaciones que han eliminado de millones de puestos de trabajo acuciadas por la burocracia, el egocentrismo y el anquilosamiento, renacen las alternativas de generar inmensas redes de micro-alianzas inteligentes. Ante el riesgo del totalitarismo democrático, el intervencionismo y el conductismo de las personas tras las excusas de la sanidad, la seguridad y el medioambiente, rebrota con fuerza la libertad, que exige la innovación y la creatividad de la economía colaborativa, puerta de escape de las personas frente al asedio impositivo y dominante de las clases medias.

La Humanidad conseguirá progresar, como siempre lo ha hecho. Otra cuestión es si habrá aprendido de las lecciones sufridas en el pasado y se evitarán los baños de sangre que antiguamente desencadenó. Porque las tentaciones para seguir a las ideas mediocres y absurdas fermentan en el caladero de la desilusión. Y ese tiene demasiados seguidores.

El caladero de construir requiere mucho esfuerzo. Por eso el de la destrucción tiene demasiados seguidores.

La vitalidad del camino hacia el éxito surgirá principalmente, y como siempre, de los jóvenes. En sus manos está saber escuchar las sabias experiencias de sus mayores y escoger con acierto y cordura las mejores opciones para el progreso. Pero hay cuestiones imprescindibles que siguen con plena vigencia: la preparación concienzuda y el mayor esfuerzo y la persistencia o empeño en lograr metas mejores. Con el descreimiento no se hace avanzar ningún proyecto. Y, se quiera o no, la responsabilidad sobre las generaciones venideras es algo intrínseco a nuestra naturaleza.

Torbellino de riesgos estratégicos para las personas

Cada época de la Historia conlleva sus riesgos y esta nueva etapa de la Humanidad tiene los suyos. Los seres humanos nos encontramos ante un poderoso huracán que agita nuestro entorno y se acerca a velocidad y violencia desmedidas.

¿Cuáles son las fuentes que nutren este poderoso ciclón, al menos desde la perspectiva occidental?

No es fácil poner en orden todos estos factores pues se encuentran íntimamente relacionados y se retroalimentan unos a otros, por lo que causa y consecuencia se confunden.

Los que en mi opinión resultan ser los siete motores del torbellino son los siguientes:

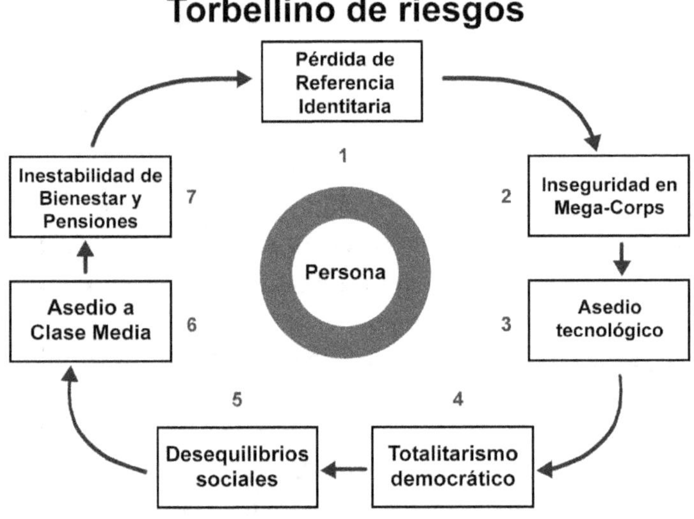

1.   La pérdida del referente identitario

El modelo que encumbró a Occidente como fuente sustancial del desarrollo y modernización del mundo fue dotar a su pensamiento y convicción de que se podía crear un proceso de aportación y reparto relacionales que, llevado a la práctica, sería capaz de crear riqueza y bienestar generalizados. Durante años Occidente se entregó con fuerza, esfuerzo y energía a desarrollar ese modelo dotando a sus comportamientos de fuerza moral.

Aquel modelo económico que supo crear riqueza, construir unas clases medias fuertes con aspiraciones realizables, generar un amplio Estado de bienestar, que en épocas anteriores parecía inalcanzable, y una voluntad distributiva de la riqueza equilibrada, generadora de empleo, crecimiento y nuevamente de riqueza, parece desmoronarse hoy como consecuencia de la pérdida de los valores en los que se sustentaba desencadenando una ambición desmedida.

La pérdida del referente moral occidental que hizo descubrir e implantar su sistema en el mundo se ha convertido en su mayor enemigo, un demoledor enemigo intrínseco.

Occidente fundó su modelo de libertad tomando como base el patrón humanista frente al totalitarismo materialista del comunismo, y por eso lo venció. Hoy, la pérdida de aquel referente le hace caer en la penumbra.

Curiosamente las mayores sociedades comunistas se han volcado al juego global capitalista y su entrada ha sido desafiante; han roto las reglas externas de su modelo y se han lanzado a combatir en el libre mercado; eso sí, sin someterse a reglas como las de la protección de derechos de marca, *royalties*, etc.

Antes, cada año se remuneraba más y más la hora de trabajo y eso transfería riqueza a los trabajadores y a sus familias. Ahora con la entrada de mano de obra masiva y barata, esa regla se ha detenido. La miseria del sistema socio-económico comunista se ha convertido en una herramienta capaz de socavar las estructuras capitalistas. La visión utilitarista de la persona ha sido un aliciente para desenfrenar la ambición.

2. Inseguridad de las *megacorps*

El modelo económico que podríamos llamar clásico ensalzaba a las megacorporaciones como la demostración más ostentosa del poder. Ser «mega» significaba prebendas, transnacionalismo e inmensos beneficios en régimen de para-exclusividad, dominio de mercados, tasas impositivas reducidas, pero también, y como contrapartida, cientos de miles de empleos seguros, adiestrados y bien remunerados.

El nuevo modelo de mercado, desgobernado e insaciable, ha hecho caer en la bancarrota a cientos de *megacorps* y mientras han surgido otras dotadas de agilidad, dinámica y espíritu innovador que han desbancado a los mastodontes y las han colocado en una desconocida sensación de riesgo.

Los dinosaurios y su mundo de prepotencia se ven asediados por nuevas formas de competencia y el efecto competitividad. Se encuentran desorientadas, incómodas y asediadas por costes inútiles, exceso de grasa, falta de flexibilidad y creatividad limitada. Su concepción jerárquica y burocrática las ha llevado a convertirse en administraciones más que en empresas dinámicas. Y, para colmo de desdichas, algunos de esos «moscones» osaron nacer en los prepotentes faldones de los mastodontes. ¡Algo que siguen considerando intolerable! Ellos que tenían el poder, los privilegios, el dinero y las personas, no fueron capaces de usar toda esa energía potencial para crear innovación y nuevos desarrollos. La «egoesclerosis» se lo impide. El creador no tiene cabida en una gran *megacorp*; es molesto, algo ácrata y no se somete ni a la jerarquía ni a las pérdidas de tiempo de los comités. No lo quieren ni lo admiten; incluso lo rechazan, aunque también les molesta cuando triunfa.

Para afrontar el desafío de la competitividad han tomado la decisión de aliviar peso condenando al desempleo a millones de trabajadores y con eso han contribuido aún más a su mayor desprestigio social y a la intranquilidad y desmotivación interna. Aquel contrato social de renta y seguridad a cambio de trabajo y beneficios se ha quebrado y se encuentran fuera del campo de juego. Muchas han entrado en una caída libre de difícil recuperación.

Sus estructuras basadas en la jerarquía, la prepotencia y el acomodamiento no resultan ni ágiles ni fáciles de cambiar cuando se trata de reactivarse frente al impulso innovador.

3. El asedio científico biotecnológico

Hasta hace muy poco la tecnología era muy costosa y por tanto solo accesible a los grandes capitales, pero eso ha cambiado: se ha popularizado y es algo al alcance y disposición de cualquier modesta economía, incluso familiar. La ciencia antes era algo lejano con largos tiempos entre su descubrimiento en laboratorio experimental y su aplicación a lo cotidiano. Hoy muchos investigadores trabajan directamente en el campo de pruebas real.

Además, la inteligencia y el conocimiento humanos conformaban un capital etéreo y disperso, distribuidos por diferentes naciones y con dificultades de relación y de intercambio de progresos y descubrimientos, tanto por coste de acceso como por organización de eventos y equipos de intercambio de capital intelectual. Hoy los lugares más recónditos del planeta pueden estar en contacto directo e inmediato mediante el progreso de los medios de comunicación bis a bis.

Hoy las nuevas ideas, los nuevos productos y los nuevos negocios pueden surgir en la cabeza de cualquier ciudadano y ponerse en marcha en cualquier lugar del planeta. Incluso la localización y el acceso a los proveedores es de accesibilidad inmediata. Y puede llegar a conseguir capital de inversores procedentes de los lugares más variopintos del planeta.

Antes los negocios más rentables eran los más excluyentes. Hoy los más rentables son aquellos más inclusivos. Los que crean un modelo «asociativo» entre millones de personas en las que todos aportan y todos pueden obtener algo. Millones de personas creando redes de alianzas.

La inteligencia con iniciativa emprendedora, antes desparramada y desconectada, se ha visto por arte de la tecnología y las comunicaciones, aproximada y conectada, lo cual ha trasformado el juego de poderes. Ha repartido el poder entre nuevas personas frente al antiguo exclusivismo de las corporaciones del poder establecido.

La cara oscura de la tecnología sin embargo es que nos asedia; no nos permite aislarnos de ella. Hasta los que más empeño, convicción y voluntad ponen en ello ven imposibilitado su deseo y frustradas sus aspiraciones. Aislarse de la tecnología es imposible y cada vez será más difícil. Es un ataque subliminal a la libertad humana. Se ha convertido en un instrumento de control de las personas; empuja al atractivo «hágaselo usted mismo» pero a cambio somete voluntades, obliga a cambiar comportamientos y remodela procesos de pensamiento. Incluso los estados del mundo libre, teóricamente creados para proteger la diversidad y a los débiles, empujan e inducen a la «obligatoriedad tecnológica» a través de instituciones que exigen ese requerimiento.

La fragilidad de los sistemas ante los ataques tecnológicos hace que la investigación y desarrollo en ciberseguridad sea un factor estratégico. El mundo está en manos informáticas y tanto las instituciones como las organizaciones y las empresas dependemos de ella. Un simple ataque a los sistemas de comunicaciones, de energía o de movimientos bancarios desataría un caos sin precedentes. Los humanos hemos perdido en una generación la habilidad de convivir de forma básica con la naturaleza. La artificiosidad se ha apoderado de nosotros. Y se ha producido en tales solo cincuenta años.

4.   El totalitarismo democrático

En una sociedad del progreso tecnológico, el cambio y la transformación socio-económica, hay algo que permanece ancestral e inalterable y es el concepto de poder.

Hemos cambiado, en algunos casos, el modo de selección del mando, pero no su esencia. Los «electores» durante un corto periodo de tiempo se transforman en «súbditos» desde el momento en que el «trono presidencial» (o de cualquier otro mandatario) es ocupado. Y quien lo ostenta se comporta de forma absolutista, los somete e impone su voluntad a través de leyes, normas, ordenanzas, fiscalidad, sanciones, etc. que son emitidas e implantadas por las instituciones públicas a su servicio.

«El poder tiende a ser expansivo», dijo Bertrand de Jouvenel.

La gran transformación económico-socio-política no ha logrado ni cambiar la esencia del poder, concebido como dominio sobre el resto social, ni traernos mejores gobernantes. De hecho, estamos en una de las etapas más grises y frustrantes cuando uno revisa el listado de mandatarios de los países supuestamente más avanzados. Hay que echar muchos años la vista atrás para encontrar tanta falta de liderazgo en las naciones. La mediocridad, cuando no la indecencia, adquiere proporciones inverosímiles. Sobran políticos oportunistas y faltan estadistas.

Y cuando falta liderazgo, que se sustenta en el reconocimiento, surge el ansia del mando y del dominio; la pasión por normativizarlo todo y teledirigir la vida de las personas. Es el estado más anacrónico y primitivo del poder; el que recuerda al burdo vasallaje. Normativizar, controlar y someter.

Estamos rodeados por profundos «defensores de la Libertad» siempre y cuando pensemos lo que ellos, votemos lo que quieren y hagamos lo que nos ordenan.

Nunca antes en la Historia los estados, las instituciones y quienes las dominan se habían visto dotadas de mayor cantidad y más potente conjunto de herramientas tecnológicas para controlar a las personas. Y eso hace que el riesgo totalitarista sea mayor; con independencia de que se elija o no a quien gobierne, esta amenaza va más allá. Y además es algo que en manos de mediocres ansiosos de poder multiplica sus riesgos.

Las pantallas tras las que se desarrolla el nuevo totalitarismo tecnológico del Estado son argumentos que sirven de gran excusa para sus intervenciones: la seguridad, la protección del medioambiente y la sanidad son tres de los argumentos que más dan de sí para alterar, controlar e intervenir a las personas.

5. Desequilibrios sociales

La Humanidad siempre ha sido una organización con grandes diferencias y serias deficiencias, pero nunca antes esos extremos habían sido ni tan notorios ni tan notables, hasta el punto de que desencanto y preocupación son las dos palabras que mejor definen los sentimientos de las personas en el mundo en que estamos viviendo.

Las generaciones que en Occidente vieron cómo el progreso y el desarrollo les permitía conseguir cada vez una posición más acomodada y satisfactoria, ven ahora cómo sus aspiraciones y sobre todo las de sus hijos, para quienes creían tener asegurado un mundo mejor, se desploman. La juventud, más preparada que ellos, tiene inferiores perspectivas, salarios más reducidos y creciente inseguridad.

Eso crea un estado de ánimo desconcertado y depresivo así como desmotivación, sobre todo cuando las perspectivas que se observan en el horizonte no parecen ni claras ni halagüeñas.

Como guinda de ese pastel, la distribución de la riqueza, que antes fluía con un desequilibrio y generalización no razonables pero al menos aceptables, ahora se radicaliza y crea aún más exageradas diferencias económicas y sociales.

Por otro lado, los movimientos migratorios de personas en el planeta, causados básicamente y entre otras razones por los efectos de la pobreza o los conflictos armados, miran hacia Occidente como la tierra prometida porque, a pesar de sus desequilibrios, sigue siendo un lugar de oportunidades y libertad, dos aspiraciones fundamentales de los seres humanos.

En los últimos años la presión migratoria resulta ser cada vez mayor y se hace difícil de digerir. Las masas, justamente ansiosas de dignidad, se fijan básicamente en Europa, América y Australia como focos de destino. Las grandes oleadas no persiguen entrar en China ni en los otros países comunistas o musulmanes, sino que se focalizan en la cultura occidental. Y mafias organizadas han creado prósperos negocios con nuevas modalidades de esclavismo y tráfico de personas.

Occidente, precisamente por su principio de igualdad, el de solidaridad y el de humanidad, basados esencialmente en su cultura cristiana, ha venido acogiendo con amplitud, hasta que le han declarado una guerra de guerrillas. El impacto del terror en sus sociedades, propiciado por grupos extremos, se ha planteado revisar su política de fronteras abiertas y acogida libre. Y el mundo se está convirtiendo así en un lugar más radicalizado y más injusto.

Si Occidente, desde su acomodamiento, no lograr crear en sus ciudadanos la convicción de que los logros y el nivel conseguidos no han sido gratis, sino con mucho sacrificio de generaciones precedentes, esfuerzo y tras progresar en muchas batallas, si no hace resurgir el espíritu que le llevó a lo que es y si no logra crear un entramado social de pensamiento y gestión económica capaces de devolver al mundo un equilibrio distributivo, se estancará en la vanagloria y acabará siendo engullido por la presión externa y sobre todo por el enemigo interno de su acomodaticia debilidad. Occidente necesita ser crítico consigo mismo para remodelarse y enfocarse en nuevas aspiraciones. No es algo fácil sino bien complejo que precisa la fuerza de un liderazgo de alto nivel, sentido del honor y miras puestas en un horizonte prometedor capaz de ilusionar y activar la energía de las personas.

El fracaso de muchos países en su desarrollo no es debido a que sus habitantes tengan menos capacidades que las de países evolucionados sino a su incapacidad para haber sabido generar un entramado institucional y social por parte del Estado que permita el desarrollo de las personas.

Occidente logró la democracia como sistema garante de la libertad y el desarrollo de las personas. El modelo se ha exportado a otras naciones si bien no siempre con éxito. En muchos casos se han establecido para-democracias que a través de un sistema de voto-ficción sirven de blindaje para una clase política que domina la sociedad a su capricho y beneficio.

Pero un sistema de desarrollo social debe componerse de la posibilidad de un sistema que permita el control del poder, de un Estado de Derecho que garantice el imperio de la ley, igualdad de trato para todos y una auténtica separación de poderes entre el ejecutivo, el legislativo y el judicial. No son muchos los países que puedan presumir realmente de esa composición estructural.

Hay demasiada ficción de poder democrático que encubre totalitarismos donde las estructuras internas de los partidos políticos tienen construcciones radicalmente autoritarias y escasamente abiertas a la libre participación.

6. Asedio a la clase media

Los países que han logrado el estatus de mayor desarrollo lo consiguieron por su habilidad para crear, además de una organización institucional solvente y seria, una clase media que les sirvió de motor económico-social, tanto de la estabilidad como del progreso.

Las familias que llegaban a esa posición procedentes de niveles humildes veían culminar sus aspiraciones al lograr un nivel económico, educacional, de estabilidad, seguridad, sanidad y confort que satisfacía sus aspiraciones. Las personas luchaban por el progreso de sus familias para elevarlas hasta ese nivel. Millones de personas veían posible superar la posición alcanzada por sus padres y, reconociendo su esfuerzo y privaciones, se entregaban con vigor y duro trabajo a alcanzar la meta que ansiaban. Era un orgullo ante sus hijos y padres poder conseguirlo. Y su mayor aspiración era situarse en una plataforma que pudiera servir de sólido punto de lanzamiento para permitir que sus hijos siguieran construyendo un camino de progreso.

Toda esa energía generada durante años fue la que produjo la cosecha que Occidente creó en muchos países. El principio de «muchos teniendo la oportunidad de ascender de nivel» fue el motor y la filosofía que lo empujó. Rompió inteligentemente con el modelo arcaico de «para que yo tenga, otro tiene que carecer de algo». El «ricos frente a pobres» se sustituyó por la aspiración de «seamos todos (o la mayoría) suficientemente ricos».

Y esa generalización funcionó en términos globales. No se erradicó totalmente la pobreza, pero esta se amortiguó y aminoró sustancialmente. Y se ambicionaba la «igualdad de oportunidades» para que todos, según su capacidad y esfuerzo, pudieran acceder a las posibilidades de desarrollarse.

Esa amplia clase media fue además el nutriente que alimentó, con su contribución fiscal, las arcas del Estado para que administrara el dinero de todos y lo distribuyera creando bienes y servicios para los ciudadanos.

Pero todo ese sistema que construyó y ha venido soportando la libertad en Occidente se ha ido difuminando, perdiendo pureza y transformando en asedio a la clase motora de los países a través de dos formas de actuar:

- El normativismo regulatorio: el empeño desmedido por promulgar leyes, normas, instrucciones y en definitivas obligaciones constantes por parte de toda la cadena de nivel de los organismos públicos. Es la pasión por el conductismo de las personas. Parece querer sustituir la pérdida de valores y principios con instrucciones y normas. El normativismo es la opción de mando de los mediocres
- El ahogo fiscal: mediante impuestos, tasas, arbitrios, multas y demás fórmulas coercitivas para conculcar dinero a los ciudadanos llegando a niveles desmedidos

En definitiva, el panorama al que cada vez más se enfrenta la clase media se va estrechando y conduciendo hacia: «Haga las cosas como se le dice y además pague por cualquier actividad que desee hacer o haga» (pague por intentarlo, pague por hacerlo y pague por obtener ingresos). Y de lo que ahorre o deje para sus hijos, también deberá pagar.

El sacrificio del padre para dotar a sus hijos está penado y gravado, a pesar de que esté construido con los restos que quedan después de ya haber pagado impuestos a lo largo de su vida. Es una fórmula que, con o sin intención, estrecha el cerco alrededor del concepto de familia para desvirtuarlo en favor del etéreo y abstracto de tribu.

Sobre estas bases, impensables hace pocas decenas de años, cualquiera puede deducir que cada día se hace más difícil hacer brotar ilusión o energía capaz de activar a las personas. Pero el acoso que ha comenzado, no solo tiene perspectiva de continuar, sino que corre el riesgo de incrementarse camino de transformar la clase media en proletaria y la iniciativa privada en sumisión. Porque el virus ya no persigue el desarrollo ni el saneamiento del Estado sino el ansia y pasión del poder por demostrar su mando.

Con este nuevo modelo que nos acecha y que corremos el riesgo de que nos invada, los individuos pierden libertad y solo gana algo quien ostenta el poder. Con ello me remito a lo que he escrito sobre el totalitarismo democrático.

7.   Inestabilidad en bienestar y pensiones

Ambos capitales se nutren presupuestariamente en base a la contribución esencial de la clase media.

Cuando se amplía la sensación de conseguir mejores perspectivas y el sentimiento de que una parte razonable de lo conseguido pasa a incrementar la propiedad personal, la actividad se dispara y las personas crean unas organizaciones productivas (empresas y negocios). Lo que obtengo como individuo frente a lo que se me exige como contribuyente por el Estado decae o no se siente compensado cuando la actividad productiva se reduce.

Además de esto, y sobre todo por lo que se refiere a este segundo concepto, si la sensación que se tiene es que el Estado administra con prudencia, buen criterio y responsabilidad, se facilita la contribución de los ciudadanos. Pero si lo que se percibe es dilapidación, uso parcial, interesado o irresponsable de los recursos por parte de las diferentes instituciones, el espíritu contributivo desaparece y se alienta el fraude, que en la práctica puede resultar ilegal pero no necesariamente injusto según el punto de vista de los ciudadanos. El derroche y la dilapidación de fondos públicos es el mejor aliado de las actuaciones fraudulentas.

El bienestar y las pensiones precisan de un nutriente económico, pero además necesitan de un soporte intangible: ambos están fundados en la voluntad de contribuir. La solidaridad es un factor crítico en ambas cuestiones. Y en el momento actual, el bienestar y las pensiones, como los dos mayores logros junto a la libertad de Occidente, se tambalean. Las perspectivas de desarrollo económico no son halagüeñas y el individualismo parece ganar la batalla al espíritu colectivo. Incluso los modelos que sirven de referente a los jóvenes y el propio sistema educativo parecen promover esta fórmula en las nuevas generaciones.

La solidaridad más consistente no es aquella que resulta obligatoria sino la que es aceptada de buena gana por los ciudadanos al entender que reciben a cambio compensaciones adecuadas.

En el mundo de la economía global no serían impensables nuevas migraciones masivas. Hasta ahora conocemos las de aquellos que son expulsados por la miseria de sus países y ambicionan un futuro mejor, pero podrían comenzar las de personas acomodadas, con iniciativa, cualificación, profesionalidad y buena educación que opten por asentarse en otras naciones donde la contribución impositiva que les resulta exigible les perezca más equilibrada.

Ya algunas de las grandes fortunas se mueven conforme a estos criterios, pero si se incrementa la competitividad fiscal entre los países las clases medias pueden comenzar a movilizarse. El descontento de las clases medias es muy generalizado en muchos países y en la medida en que se facilite la movilidad este puede ser un factor de reacción frente a quienes realicen una administración más irresponsable y corrupta. La descapitalización masiva de los motores energético-sociales de las naciones no es algo impensable.

Intentar predecir el futuro y jugar a equivocarse tiene mucho en común. A mí no me importa demasiado y me encantaría que estos riesgos se superaran sin estridencias. En todo caso si estos mensajes sirven para alertar a tiempo de algunos de los riesgos que debemos afrontar, tomar conciencia de ellos y tratar de implantar medidas correctivas, bienvenido sea. Si me equivoco no lo tomaría como un fracaso porque resultaría ser un éxito de la civilización.

El ser humano ha demostrado a lo largo de su historia capacidad para superar adversidades, aunque lamentablemente muchas veces ha tenido que verse inmerso en terribles situaciones para afrontar lo que se veía venir. Remontar no se consigue sin voluntad, esfuerzo y, sobre todo, sin saber colocar en la visión de las personas el sentimiento de un horizonte por el que merezca la pena luchar.

La libertad no es algo perdurable y se puede diluir en manos de quienes creen que la poseen por conformismo, tolerancia mal entendida o abdicación de responsabilidades. Por eso he afirmado en varias ocasiones que no hay sociedad más sometida que aquella que se considera libre. Porque la libertad no es un estadio inmóvil sino un trayecto que hay que mantener en el mayor nivel posible. A todos nos sorprende hoy ver países ricos y dotados de un régimen de libertad hace una decena de años, convertidos hoy en una ruina por un poder bazofia

Necesitamos un nuevo proyecto. Un modelo de compensación equilibrado para todos. Y en este momento histórico y situación ya no podemos hablar solo de países sino de globalidad terráquea. El descontento es el mejor caladero de adeptos para quienes desean captar colectivos dispuestos a destruir si esa es la forma que les permite ascender al poder.

Torbellino de oportunidades estratégicas para las personas

Veamos cada una de las aspas de este torbellino:

1. Bio-agro-ciencia

Uno de los mayores retos a los que la Humanidad tiene que hacer frente es el de la alimentación de una población exponencialmente creciente. El problema de la agricultura se encuentra estrechamente ligado al del desarrollo medioambiental sostenible, y singularmente al del agua.

La ONU predice que para el 2030 tendremos solamente el 60% del agua que necesitamos para sobrevivir. El 70% del agua dulce que consumimos los seres humanos se destina a la agricultura donde, debido a la ineficacia de los sistemas de riego, perdemos entre el 25 y el 60% del agua que empleamos en esta actividad.

Además, entre el 30 y el 50% de la comida producida en el mundo se desperdicia antes de ser usada como alimento por las personas. Eso incluye pérdidas durante la distribución, calificación de mercancía dañada, fecha de caducidad sobrepasada o desperdicio familiar.

Si enlazamos ambos factores, producir un kilo de manzanas exige 800 litros de agua y un kilo de carne unos 1.500.

La tecnología aplicada al riego permitirá conseguir una mayor eficiencia en el aprovechamiento de los terrenos cultivables y un ahorro en algo tan vital como el agua. Pero además existen otros problemas aplicables a la agricultura: «Calculando que la población humana haya aumentado un 35% en 2050 –2.500 millones de personas más– la Organización de Naciones Unidas para la Alimentación y la Agricultura (FAO) calcula que la producción de alimentos tendrá que aumentar un 70% para garantizar un bienestar «suficiente para todos los seres humanos».

El estadounidense medio consume 3.747 calorías al día. Si los 7.000 millones de personas que hoy viven en el planeta «sustentaran» su vida consumiendo los mismos recursos que el estadounidense medio, haría falta un planeta cuatro o cinco veces más grande que la Tierra. Incluso sin que se dé un cambio apreciable en la calidad de la vida de los pobres del mundo, en el 2030 necesitaremos el equivalente a dos planetas como la Tierra para regenerar los recursos que consumamos.

Jeremy Rafkin nos ilustra en uno de sus libros acerca de la llamada «biocapacidad» o «capacidad biológica», que la cantidad de área productiva realmente disponible para generar esos recursos y absorber esos residuos. En 1961 la huella ecológica de nuestra especie era más o menos la mitad de la biocapacidad del planeta.

Pero en 2008 la huella ecológica de los 6.700 millones de seres humanos que entonces poblaban el planeta ya equivalía a 18.200 millones de hectáreas, con una huella media por persona de 2,7 hectáreas en un planeta que solo cuenta con 12.000 millones de hectáreas de biocapacidad que equivalen a 1,8 hectáreas por persona.

Los Estados Unidos, que solo representaban el 4% de la población mundial, estaban usando el 21% de la biocapacidad de la Tierra y la huella ecológica del estadounidense medio era, ni más ni menos, de 10 hectáreas.

Según Lester Brown, fundador del *World Watch Institute* —que vigila el impacto humano en los recursos mundiales— la respuesta depende de la dieta que elijamos. Si tomamos como referencia la dieta del ciudadano medio estadounidense, que equivale a 800 kilos de cereales al año, y todos los habitantes del planeta siguieran una dieta similar, los 2.000 millones de toneladas de cereal que se cosechan cada año en el mundo solo podrían sustentar a una población mundial de 2.500 millones de personas. Si tomamos como referencia la dieta mediterránea, que equivale a 400 kilos de cereales por persona y año, la cosecha mundial anual podría sustentar una población de 5.000 millones de personas. Y si tomamos como referencia la dieta india, que equivale a 200 kilos de cereales por persona y año, el planeta podría sustentar hasta 10.000 millones de personas.

Para que la población humana se adecúe a la biocapacidad del planeta y para que la sociedad pase de la escasez a una abundancia sostenible, deberemos abordar la gran desigualdad que existe hoy entre la huella ecológica de los ricos y de los pobres y, al mismo tiempo, reducir la población humana del planeta.

En toda esta cuestión tampoco es inocua la cuestión de la gestión del desperdicio en sus dos versiones:

- Las cantidades de alimento desperdiciado que genera la especie y que singularmente afectan a las áreas más desarrolladas
- El tratamiento de desechos y su reciclaje o digestión por el planeta

El hiper-consumismo, hoy motor de la economía post-capitalista, podría ser, desde este punto de vista, un delito contra la responsabilidad de la convivencia social.

La cuestión de la biotecnología alimentaria va a ser determinante para ayudar a solventar el problema. ¿Cómo conseguir cultivar más en menos espacio? No es solo una cuestión económica sino de supervivencia.

La eficiencia tecnológica, la biología en el diseño de nuevas especies agrícolas y la robótica van a elevar el número de hectáreas cultivables al permitir diseños de cultivo no ya en superficie sino en recintos cerrados de alta productividad en altura que permitan además multiplicar el número de cosechas y aislar el rendimiento productivo del factor atmosférico al crear espacios de clima controlado.

La biociencia va a incidir en nuestras vidas a través por ejemplo de la alimentación mediante su uso en la agricultura y la ganadería. No solo se instalan ya con toda normalidad sistemas automatizados para el ordeño del ganado, la recolección o la plantación, que se han llevado por delante a millones de puestos de trabajo en estos sectores, además, cada cabeza de ganado tiene su historial de vida, tratamientos veterinarios preventivos, vacunaciones, enfermedades, etc.

La biología aspira a mucho más. Mediante la manipulación genética ya se consigue reemplazar cultivos tradicionalmente obtenidos en el campo y producirlos en cubetas de laboratorio. «Tal es el caso de la vainilla, que puede suponer el derrumbe de países como Madagascar o Camores y la pérdida de trabajo para millones de productores cuyo medio de vida es ese producto de alto coste. Y lo mismo sucede con el azúcar, que ha reducido drásticamente su consumo por el impacto de los edulcorantes sustitutivos de laboratorio. En este caso la táctica consiste en mantener el sabor y cambiar radicalmente el producto abaratándolo sustancialmente o elevando el margen de beneficio», explica Jeremy Rifkin.

La combinación robótica-biotecnología puede llevarnos a la desaparición de la agricultura al aire libre como siempre la hemos conocido, trasplantándose a fabricas-laboratorio de alto rendimiento. Nos encaminamos hacia un número de explotaciones mucho menor pero con un rendimiento infinitamente mayor. Esto es un cambio radical en la vida de los seres humanos en relación con la tierra, pero gracias a ello podremos ser capaces de conseguir alimentación para toda la inmensa carga demográfica futura.

Gran parte de la población activa, y no solo ya la de preparación más básica, puede desaparecer del mundo del trabajo sin perspectivas de una nueva reincorporación.

Hasta ahora la reducción de mano de obra en ciertos sectores se ha venido compensando, en parte mediante la trasferencia normalmente de la más cualificada de entre todo ese grupo hacia nuevos sectores emergentes. Pero hay una pregunta que queda en el aire: ¿seguirá esto siendo así con el poderoso desarrollo científico-tecnológico? Evidentemente queda mucho por hacer. Continentes enteros por cablear para darles acceso tecnológico, construir vías de comunicación inteligentes, conducciones de agua para la salubridad y la higiene. Pero ¿hasta cuando dará de sí todo esto? ¿Lo realizaremos a base de continuar con el empleo del factor humano o será esta una mínima proporción cualificada y el resto maquinaria automática o robotizada?

2. Accesibilidad tecnológica

La tecnología viene a facilitarnos la vida. Los productos pasarán de ser simples objetos físicos de uso tradicional a convertirse en conectores integrantes del mundo digital.

Ya no solo serán las computadoras quienes nos permitan integrarnos en la red global de conexiones sino que los propios objetos dispondrán de accesibilidad a un *software* multiusos. Las industrias se enfrentan a la oportunidad de crear productos conectados que incluso pueden llegar a modificar nuestro concepto de propiedad sustituyéndolo por un nuevo concepto de uso. Los referentes de estatus social pueden cambiar drásticamente. El abaratamiento de los chips GPS permitirá la incorporación fácil de nuevos servicios a los productos. Las acciones de puesta en marcha de las tecnologías de contacto estarán tan integradas en el producto que su propio concepto se verá radicalmente modificado.

Pensamos en lo que ha pasado con los teléfonos, que se han convertido de herramientas de parloteo a distancia a computadores inteligentes imprescindibles en la gestión de negocios, relaciones personales, etc. Esa sencillez y simplicidad aparente para entrelazarse en nuestra vida diaria nos hace perder conciencia de uso de tecnología para pasar a una percepción de uso de una herramienta básica.

La accesibilidad a las masas se basa en el bajo coste y en un uso extremadamente simplificado. Eso es lo que la expande entre miles de millones de usuarios creando un «ecosistema tecnológico» en el que unos se inducen a introducir a otros hasta el extremo de que el conjunto te impide permanecer fuera. En ese momento la conciencia de comunicación se diluye y se transforma en cotidianidad.

La accesibilidad tecnológica modifica los referentes y las perspectivas de las personas. La sofisticación se conforma como dependencia y pasa a integrarse en nuestro mundo. Antiguamente los investigadores en Historia, por ejemplo, tenían asumido el uso de los fondos bibliográficos de las grandes bibliotecas como su referencia clave y buena parte de sus horas de trabajo se desarrollaban en torno a magníficas salas de lectura. El trabajo era lento, detallado y hasta penoso en base a la confección de miles de fichas referenciadoras. Hoy su mundo ha cambiado radicalmente. La mayor parte de ese esfuerzo lo facilita cualquier simple ordenador personal accediendo con rapidez y siendo capaz de relacionar informaciones y ficheros de centenares o miles de fondos de información histórica incluso sin salir de la mesa de trabajo en el hogar.

Millones de mentes dispersas en el mundo pueden estar trabajando ahora en relación al mosquito verde y sus diferentes plagas y modos de combatirlas. La tecnología puede, no solo ayudar a que quienes las sufren en sus tierras se asesoren lo antes posible sobre los posibles tratamientos existentes, sino que dispositivos adecuadamente situados detecten incluso la presencia de individuos de esta especie y pongan en marcha un sistema de tratamiento de forma inmediata.

Los dispositivos inteligentes tienen «detectores+sistema de proceso+conexiones». Imaginemos que todo eso estuviera integrado en una «pintura especial» que extendida por grandes superficies sirviera de balizamiento y puesta en marcha de esa inteligencia que constituye una aplicación interfaz que es quien permite «conversar» a unos dispositivos con otros.

En términos de seguridad, sanidad, medioambiente, productividad, ahorro de costes y confort y simplificación de la vida, la accesibilidad tecnológica nos facilitará y cambiará los comportamientos. La perspectiva del usuario no va a ser tanto la de comprar productos como la de adquirir los servicios que esta incorpora.

Con la extensión de la conectividad, los seres humanos pasaremos a «un nuevo formato».

3.   Bio y tecno-medicina

La primera cuestión es no solo la activación rápida y urgente de los protocolos de atención sanitaria en casos de atención a personas que monitoreadas con pulseras de captación de constantes vitales puedan encontrarse en apuros, sino el desarrollo de la medicina preventiva por la captación de datos que faciliten la detección precoz de enfermedades o la asistencia a emergencias de personas que viven solas, especialmente de ancianos.

Además están los tratamientos de crónicos a quienes de les pueden instalar sensores. Muchas pruebas de seguimiento regular e incluso de atención para recibir instrucciones médicas o adecuar el nivel de los tratamientos se podrían solventar directamente a través de comunicación paciente-sanitario mediante tecnología a distancia. Protheus ha diseñado una píldora interna que se administra por vía oral y se aloja en el estómago monitorizando desde allí los niveles de ingesta de comprimidos y de diferentes tratamientos. Es la inteligencia tecnológica aplicada con medidores de formato interno.

La valoración en términos económicos de los costes de uso de servicios de emergencias o de atención primaria, no son solo incluye los que directamente provocan estas actividades sino además los millones de euros en horas de trabajo perdidas por pacientes, desplazamientos e incluso realización de tareas por profesionales inadecuadas a su cualificación real. Y por supuesto existen además las mejoras en calidad de vida de los enfermos, que es una valoración cualitativa. El médico puede extender una receta que envía directamente a la farmacia para que sea entregada en el domicilio del paciente con las tecnologías se evitarán muchos desplazamientos inútiles, ineficaces o ineficientes con los ahorros además de espacios físicos, colas, etc.

Existe también la posibilidad de llevar a cabo tratamientos e incluso cirugía en remoto. Imaginad el impacto en tratamiento de pacientes en lugares recónditos o incluso en situaciones de alta mar, montaña, ríos, desiertos, etc.

La biomedicina tiene por objetivo el desarrollo de nuevos fármacos y nuevas técnicas para ayudar al tratamiento de enfermedades. Todo ello a partir de la comprensión de las bases moleculares de las distintas patologías, como las enfermedades infecciosas, inmunes, neurodegenerativas, el cáncer, etc.

De las investigaciones sobre los mecanismos moleculares, bioquímicos, celulares y genéticos de las enfermedades se consiguen espectaculares avances en los tratamientos fisiopatológicos.

Las células madre o la regeneración de tejidos como la piel adulta para tratamientos e quemados juegan un papel trascendental.

Las propias impresoras 3D aplicadas a la medicina permiten crear réplicas para aplicar sustituciones o realizar implantes. Todo un mundo por descubrir ante nuestros ojos.

4. Multidiversidad cultural

Las relaciones de multiculturalidad se van a multiplicar y eso nos va a influir de modo sustancial. Nuestra forma de pensar va a cambiar. O mejor dicho, lo está haciendo en nuestro subconsciente y nuestra razón está comenzando a tomar conciencia de que hay un trago muy gordo que se va a tener que digerir.

Estamos ante un inmenso cambio de mentalidad. Muchos más millones de personas, mas fácilmente intercomunicadas exigirán sin duda mucho mayor protagonismo y su presencia se hará notar mucho más también. Necesariamente eso tiene que llevar a profundos cambios en las formas de pensar.

En el globo terráqueo, millones de personas piensan en términos de universalidad. O cuando utilizan determinadas herramientas tecnológicas que se han hecho comunes en muy pocos años, se sienten «viajando» relacionalmente por un mundo sin fronteras. Esa sensación de multiculturalidad lleva hacia la universalidad de forma inequívoca. Surgirán conflictos, pasarán años, los más miserables y por interés propio excitarán la regionalización y hasta la comercialización, pero por más que los poderes se empecinen en el raquitismo, los seres humanos han empezado a probar el sabor de la universalidad y no desistirán en tratar de conseguirlo. Es cuestión de tiempo.

Necesitamos una educación, no solo en términos de economía y de conocimiento, sino de multiculturalidad, de apertura de mente y de carácter. Ya no vale solo lo tangible. Lo intangible es el gran valor emergente. Las personas se preguntan: ¿para qué trabajo? ¿cómo trabajo? ¿para quién trabajo? Si alguna de estas respuestas es desvalorizada o respondida negativamente, el «motor interno» se ralentiza o llega incluso a detenerse.

El mayor déficit de los seres humanos es su descuido del talento relacional productivo que conforma la que podemos llamar inteligencia olvidada. Quizá la tecnología tenga en este campo de desarrollo su mayor futuro. Es esa inteligencia y no la racional la que más desgasta y más lastra la evolución de nuestra especie. Consumimos millones de «energones» por segundo en confrontaciones que luchan contra la corriente evolutiva imparable que nuestra especie puede y debe alcanzar. Es imposible comprender la Historia sin entender la carga de estupidez de la especie humana. ¿Se imaginan dónde hubiéramos podido llegar en nuestro viaje por el desarrollo si lo consumido en confrontaciones lo hubiéramos destinado a programas de cooperación?

5. Microalianzas

La trasformación político-socio-económica de la Humanidad global nos va a obligar cada vez más a cambiar el término de empleo en el sentido tradicional por el de ganarse la vida, lo que implica un progresivo abandono del salario percibido por cuenta ajena variando hacia el sentido de aportación independiente.

Este cambio, entre otros, va a ser un acelerador en la creación de múltiples redes de microalianzas.

Los particulares inventarán nuevas formas, no ya para incrementar ingresos, sino también para reducir gastos. Y los estados se ven con serias dificultades para regular y ordenar esos movimientos relacionales.

Creo que la capacidad para construir y gestionar innumerables microalianzas puede resultar una de las claves en la vida de muchas personas que serán miembros de ellas o participarán en sus estructuras de algún modo. Algunas ya están apareciendo y, aunque no sean más que la punta del iceberg, pueden poner en riesgo profesiones tradicionales.

Recuerden lo que está pasando con esas aplicaciones tecnológicas que permiten compartir automóvil y pactar desplazamientos. Es una especie de «auto-stop tecnológico» que ha desatado furiosas críticas, manifestaciones y huelgas entre los profesionales del taxi en diferentes ciudades del mundo. Todos tienen su parte de razón.

Tampoco el poder va a quedar al margen de todos estos cambios. Creo además que ya no bastará, como hasta ahora, con el dinero y la capacidad técnica para lograr detentar el poder pues va a surgir un nuevo «poder diluido» sustentado en microalianzas, lo cual tendrá enormes ventajas e igualmente riesgos hasta ahora desconocidos. Incluso la democracia puede adoptar formas muy distintas a las conocidas.

Cuando el presidente de una gran corporación de telecomunicaciones expresaba sus quejas ante un gran foro mundial en relación con lo que denomina la «regulación asimétrica» existente entre las operadoras de redes y las de Internet, lo argumentaba extraordinariamente exponiendo que son ellos quienes aportan las enormes inversiones; los que generan la mayor parte de los puestos de trabajo y los que pagan grandes cuantías en impuestos mientras que otros solo se instalan sobre nuestras redes. Probablemente tiene toda la razón. Su argumentación es poderosa e impecable pero está basada en el viejo mundo y en la prepotencia del señorío feudal dueño absoluto de sus dominios. Lo que en definitiva dice es: «Alguien ha venido a sentarse cómodamente sobre nuestras rodillas para desde ellas hacer un gran negocio». Y lo dice entre atónito y enfadado. ¡Eso no pasaba antes!

No le falta razón, pero desde la perspectiva que nosotros estamos analizando las cosas la cuestión toma otros tintes que se deben considerar. Lo que está reconociendo en esas mismas declaraciones es que compañías de origen «micro» se han colado en el mundo de los «megapropietarios de Red» y desde allí han desarrollado una idea que han expandido a velocidad de vértigo, gracias al apoyo de millones de seguidores en todo el planeta, hasta construir su propio imperio.

En el fondo lo que no entiende ni le gusta es que una mosca se pueda posar sobre el confortable regazo de un todopoderoso y que desde allí haga negocio como un parásito que fija allí su residencia permanente en otro ser de inmenso tamaño.

Me parece que vamos a ver muchos otros parásitos en muchos otros sectores y mundos. Estructuras livianas y ágiles, con un fundamento de alianza con millones de personas de todo el planeta ofreciendo la oportunidad a que muchos participen en hacer negocio.

En el sector bancario sucedió algo parecido cuando se creó ING Direct. Un mosquito que empezó de cero con una nueva filosofía dirigida hacia un público más digital y que ha metido un bocado a la gran banca tradicional. Con pocos costes y buenos y segmentados servicios. La todopoderosa banca inventó todas las trabas y argucias posibles para tartar de evitar que naciera. Pero finalmente ha sido inevitable que se instalara con una buena cuota de mercado. Con dos décadas de retraso respecto a los pioneros, los dinosaurios empresariales han comenzado a reaccionar.

Esos «megapropietarios» primero ningunearon a las moscas, luego les pusieron cortapisas, después, cuando tomaron conciencia de que ganaban terreno, intentaron aplastarlas y ahora las «envidian». Ellos corren con los costes estructurales y la parte dura del negocio mientras que «esos» lo explotan, utilizan y ganan dinero a raudales. El «futuro» que menospreciaron en su momento se les vino encima de golpe a todos los *megacorp* del sector teleco.

Podríamos hacernos algunas preguntas más:

- ¿Quiénes eran los propietarios de las redes? Las *megacorps*
- ¿Quiénes disponían de capacidad económica? Las *megacorps*
- ¿Quiénes tienen centenares de miles de empleados? Las *megacorps*
- ¿Cómo es posible que, entre centenares de miles de empleados con un altísimo nivel de preparación, conocimiento técnico y de mercados, e inteligencia, ninguno ideara un modelo de negocio que «instalar» sobre las redes? Pues se me ocurren diferentes respuestas

Se les ocurrió a varios de ellos, pero sus ideas no fueron escuchadas o valoradas. Esto no es nuevo. Cuando Walt Disney trabajaba como caricaturista en un importante periódico diseñando viñetas, alguien le vaticinó que no tendría ningún porvenir y que se dedicara a otra cosa. ¡Y vaya si tuvo razón! Por supuesto que no valía para ser un simple «viñetista». Fue el mago del dibujo animado. El genial creador del mundo Disney.

No se le ocurrió a nadie. Parece increíble, pero puede ser; no obstante, siendo el nivel de preparación tecnológica de las personas extraordinario y el de inteligencia también, solo cabría como explicación que el «confort megacorporativo» produce desidia. O que las personas no se sientan suficientemente motivadas para «impulsar nuevas ideas». La fabricación de creatividad se intensifica en proporción a la necesidad de supervivencia y a la ilusión que se tiene en el proyecto.

Se les ocurrió a varios, pero ni siquiera lo llegaron a plantear. Tal vez pensaron que no se les iba a hacer caso o que la idea se les iba a «descapitalizar» (en definitiva, falta de confianza), o que no serían remunerados o compensados adecuadamente, o que acabarían siendo engullidos por la burocracia interna que no les permitiría trabajar con la libertad necesaria.

Sería sorprendente que organizaciones que tratan a sus empleados como un número consiguieran de ellos admiración, confianza, credibilidad y sentido de la pertenencia suficientes como para que ellos les ofrecieran su mejor inteligencia y energía. Lógicamente la reacción normal es la pasividad. Y con eso ¡todos pierden!

Sea cual fuera la causa, la cuestión de fondo es que «el sustrato relacional» existente en la inmensa mayoría de las *megacorp* no favorece el desarrollo empresarial (emprendizaje) de nuevas ideas. Los mastodontes están diseñados para dominar y engullir. Y muchos de los creadores con nueva visión no están dispuestos ni a entregar su libertad ni a dejarse conquistar o someter. Prefieren enterrar la idea en el cajón.

Existe alguien que ha tenido una idea y la energía necesarias ha sido capaz de construir una gran megacorporación pero no conozco más que algún caso esporádico en que alguien siendo miembro de una *megacorp* y teniendo una idea haya sido capaz de desarrollarla dentro de ella hasta ser capaz de crear otra *megacorp* subsidiaria. El diseño cultural de las *megacorp* engulle y devora la mayoría de la creatividad, la iniciativa y la libertad. Y además tampoco saben «gestionar con escasez», algo que a veces es tan necesario. Tener los medios escasos, ayudar a valorar lo que se tiene, a cuidarlo y a gestionarlo con moderación y cuidado. Quienes somos empresarios sabemos muy bien que un proyecto necesita capital, conocimiento, entusiasmo y trabajo. Pero también sabemos que solo con capital e incluso si hay conocimiento, el fracaso está garantizado mientras que si solo hay entusiasmo y trabajo, el ingenio logrará, de un modo u otro, encontrar el capital.

¿Cuántas buenas ideas han quedado congeladas en los «hibernaderos» ocultos de las *megacorp*? Muchas oportunidades han pasado por entre las manos y ante las narices de las todopoderosas *megacorp* y ellas no se han enterado de su existencia por falta de oídos y energía. Las personas siguen concentradas en «mirarse el ombligo», ahora con más velocidad y estrés, pero sigue siendo más de lo mismo.

Y no es que las personas se nieguen a colaborar. Muchas se quejan de que «no se les deja aportar más». Es que ni la cultura ni el entorno, ni los procedimientos ni la gestión de la confianza les permite desarrollar su ilusión y entusiasmo. Es un problema de «diseño estructural» que se ha quedado desacomodado. Es lo mismo que le pasó a Walt Disney cuando trabajaba de caricaturista en aquel importante periódico. Los parámetros que debía cumplir eran corsés restrictivos de su talento.

La queja que expresaba aquel presidente de teleco es correcta y razonable desde una «visión tradicional» del «poder y los negocios» pero se muestra impotente frente a una visión «abierta y novedosa» del modo en que se entienden las cosas. ¡Dejemos los soportes abiertos a nuevas ideas!

Y cada vez más compañías dotadas de inteligencia, agilidad y destreza muerden los talones y los tobillos de los gigantes *megacorp*. El tamaño, que fue símbolo de poder, las hace cada vez más «débiles». La nuevas redes de alianzas micro se irán instalando en el futuro e irán comiendo «porciones de tarta» a quienes se sentían inexpugnables propietarios. Cada vez se van a ver comprometidos en situaciones similares. ¡Salvo que reaccionen y sean capaces de integrarse y participar sin prepotencia y con honestidad del mundo de la microalianzas! Más vale que se acostumbren a verlos como oportunidades con las que construir pactos y «partenariados» que como enemigos porque tendrán que acabar enfrentándose a millones.

Se han dado casos de «chiringuitos financieros» que crecían por su enorme destreza por su modelo de gestión y creatividad. Fueron comprados por otros monstruos de la gestión de inversiones. A los pocos años habían perdido toda su agilidad, capacidad innovadora y velocidad de servicio. Al ser engullidos por el sistema mega, todo aquello se disipó. Se quedaron sin «alma». Las mega consiguieron hacer desaparecer del mapa a ese «moscón incómodo» pero desperdiciaron su energía y los millones que por ello pagaron.

6.   Economía colaborativa

La economía tradicional ha desembocado en un excedente de propiedad de bienes por parte de los consumidores. Por otra parte, los costes de mantenimiento de propiedad tanto en gastos de mantenimiento como en tasas e impuestos, ha comenzado a desalentar a los compradores en la aventura de adquirir más y más bienes. La saturación produce efectos de rechazo en muchas economías particulares.

Por otra parte, las largas cadenas de distribución e intermediación son causantes del encarecimiento de muchos bienes y servicios. El nacimiento y la popularización de redes sociales ha facilitado el contacto directo entre productor y consumidor haciendo nacer una relación directa entre comprador y vendedor.

Nace así una nueva figura que es la del «prosumidor» o combinación de la figura de productor y consumidor en una misma persona. Esta relación facilita todo tipo de transacciones; compra-venta, intercambio o trueque, etc. entre particulares o profesionales que acortan el contacto y los costes de acercamiento de sus productos o servicios a sus clientes.

La propia red de comunicaciones a través de la que se realizan las transacciones permite recoger comentarios y calificar la calidad de los servicios o productos recibidos. Los usuarios potenciales se intercambian sus contactos y opiniones dando relevancia tanto a los participantes más honestos para reforzar su imagen como a aquellos menos fiables para expulsarlos.

Esta nueva economía transaccional rompe los circuitos tradicionales o se sale de ellos, los margina o vive en paralelo, pero en cualquier caso come terreno y gana mercado poco a poco.

Este modelo proporciona ingresos complementarios a algunas personas que «ponen a trabajar» a los bienes de los que son propietarios tales como pisos o apartamentos que intercambian o automóviles particulares que alquilan, o viajes que comparten para amortiguar los costes, etc. Una estimación reciente evaluaba en unos 585.000 millones de euros el volumen de bienes existentes en el planeta que no se utilizan. Se convierten de este modo en bienes inactivos, que no solo producen rendimiento, sino que incluso generan costes directos o indirectos para su conservación, almacenaje o mantenimiento. La creatividad de las personas se ha puesto en marcha; así existen todo tipo de imaginativas actividades desde las más conocidas, como el coche compartido o el alojamiento de viajeros, hasta el alquiler o intercambio de ropa o incluso los préstamos económicos.

¿Cuántos minutos al año utiliza su pistola de pintar o su taladradora, incluso su impresora, su máquina de fotografía? ¿cuánto tiempo pasan su coche o su segunda vivienda inactivos? ¿por qué pagar un caro restaurante pudiendo asistir a una entrañable cena preparada en casa de alguien y tener así una compañía personal o una familia del país con la que conversar, conocer y recibir consejos y recomendaciones?

La saturación de consumo está produciendo su efecto rebote. En pocos años en muchas sociedades se ha pasado de una vida con escasez a una con moderación y a otra de excedentes que llega a agobiar. Esa saturación crea desilusión. Y la presión impositiva y perseguidora de los estados es cada vez mayor y más obsesiva, los espacios cada vez más reducidos y costosos; en definitiva, que poner en rendimiento o deshacerse de pertenencias obteniendo una cuantía se ha convertido en un nuevo «mercado» sostenido en las redes sociales.

Los estados se preocupan porque en su ansia invasora y vocación por gravar todo tipo de transacciones con impuestos ven como se les escapa una parte a través de esta nueva economía. Y algunos gremios como el sector del taxi o *lobbies* como el hotelero, protestan y ejercen presión para que esa «economía fuera de circuito» sea engullida y sujeta a impuestos.

La caída del empleo por cuenta ajena como fuente habitual e ingresos, la saturación de bienes y las nuevas conectividades que ofrecen las redes sociales específicas, permiten y facilitan el nacimiento y desarrollo de nuevos modos de ganarse la vida y la economía colaborativa será una fuente de ingresos recurrente o puntual para muchas personas.

Intentar efectuar predicciones sobre el futuro es lo mismo que adquirir boletos para equivocarse, pero tiene una ventaja y es que obliga a algo tan complicado como intentar sobrevolar sobre lo concreto, observar y meditar respecto a la posible evolución de la vida.

Me parece asignatura obligatoria enfrentar a los jóvenes ante el mundo que tienen, hablarles en lo posible sin maximalismos y con desapasionamiento pero con seriedad, porque lo importante no es que asuman las propuestas que les hacemos sino adiestrarlos en la toma de conciencia de que se encuentran ante un mundo en el que, salvo los principios y valores que aunque parezcan tambalearse permanecerán, todo está en pleno cambio.

A veces da la impresión de que se toma la vida demasiado a risa, como si creyéramos que debajo de los abismos existe alguna red protectora. Y eso forma parte de una de las mayores manipulaciones que existen sobre las personas de esta época. El «haz lo que quieras que da igual» suena muy «liberador» pero es la mayor de las drogas de diseño y adicción que se han inventado. Tal vez la que más estragos causa. La vida pasa factura y exige responsabilidades individuales y colectivas siempre.

Capítulo 2. La inteligencia olvidada

La transformación que necesitamos pasa por crear conciencia y ayudar a nuestros niños y jóvenes a acometer la gran transformación que realmente tienen que afrontar.

Las cabezas gordas

Desde el momento en que nace, el bebé humano comienza su periodo de aprendizaje. Le enseñamos a pronunciar palabras sencillas, luego a hablar, más tarde a leer, a sumar, etc.

Su vida en la familia y en la escuela es un continuo empaparse de nuevos impactos y aprendizajes. Los colegios y las instituciones de enseñanza inventaron en su momento las calificaciones como herramienta para medir el nivel de conocimiento que primero el niño, luego el adolescente y finalmente el joven acumula en sus diferentes etapas de enseñanza.

La sociedad invierte una buena parte de su capacidad productiva en formar y adiestrar el cerebro racional de sus ciudadanos. Y para ello pone todo su empeño e inmensas cantidades de dinero en construir y entrenar cerebros cada vez más desarrollados y potentes en las más diversas materias.

Podríamos decir que tenemos un gran empeño en hacer personas con el más «desarrollado y pesado» cerebro. Y ese «peso» lo medimos a través del número de conocimientos que estas acumulan. Queremos ciudadanos con una gran cabeza, parece ser el mensaje, y los estudiantes se afanan en obtener los mejores expedientes académicos que avalen y garanticen ante terceros ese valor.

La «otra inteligencia»

Cuando acabamos nuestros estudios y salimos al mundo del trabajo continuamos nuestro aprendizaje y seguimos elevando nuestro conocimiento, pero ya en menor medida a lo largo de la vida. Al principio se nos encomiendan funciones que demandan más nivel de conocimiento técnico o destreza, pero en la medida en que progresamos en una organización y se nos ofrecen trabajos de mayor nivel, nuestro mayor reto deriva de la capacidad de gestión de las personas que tenemos a nuestro cargo y de hacer equipo con nuestros homólogos de otras áreas.

Es entonces cuando comenzamos a comprobar que nuestras mayores dificultades como profesionales no son las derivadas de cuestiones técnicas sino las que afectan a las relaciones con personas.

El bebé humano al nacer no disponía de conocimiento alguno. Todo lo que «sabía hacer» era mantener comportamientos relacionales que inmediatamente le permitan establecer causa-efecto. Por ejemplo, sabía que lloriqueando recibía la atención de su madre e incluso alimento, que sonriendo le hacían cucamonas y se reunía toda la familia a su lado, y también aprendía lo que debía hacer para conseguir que lo tomarán en brazos, etc.

Sin embargo, con el paso del tiempo esas «habilidades relacionales» se han ido abandonando. La destreza en su uso no ha recibido ningún entrenamiento posterior. Simplemente ha ido creciendo de forma asilvestrada, por los impactos del entorno. Pero la persona no ha recibido adiestramiento alguno.

Los estilos de mando

Es muy interesante preguntar a las personas adultas sobre el recuerdo que tienen de su mejor maestro o maestra. A casi todos se les despiertan gratas emociones. Cuando les pido que me expliquen las razones por las que consideran a aquella persona su mejor maestro me dicen cosas como las siguientes: «Me ayudó a superarme»; «ponía pasión»; «nos exigía sin reproches»; «supo implicarnos»; «generaba ilusión en lo que hacíamos», «admiraba su comportamiento»; «era cercano».

Muchos reconocen que quizá no fue el profesor que más sabía sobre la materia que impartía. Pero no lo recuerdan por su «sabiduría» sino por su «otra inteligencia». Por su habilidad relacional. Y reconocen que en su vida fueron unas de las personas que más les influyeron.

Los modelos de mando que nos encontramos están precisamente relacionados con los cruces o combinaciones de nivel entre estas «inteligencias». Estas «dos inteligencias» tienen desarrollos y niveles diferentes. Dicho de otra forma, no están interconectadas.

Eso explica que nos encontremos en la vida profesional a jefes con un nivel de conocimiento extraordinario y sin embargo unas capacidades relacionales no necesariamente desarrolladas en igual medida y viceversa. El displicente es el lugar de los «sabios» que se comportan despreciando al resto. El que ni sabe ni tiene formas de comportamiento inteligente con los demás supone un riesgo terrorífico. En el grupo de las personas con altas cualidades relacionales y conocimientos no especialmente significativos ha habido algunos grandes empresarios. Pero también es el lugar reservado a los demagogos que son capaces de movilizar a las masas sin una base sustantiva que soporte sus ideas.

Hoy en día la adquisición de altos niveles de conocimiento racional no es una tarea complicada. Los sistemas de información y la inteligencia artificial ayudan a poder disponer los niveles de saber que necesitamos. Podríamos decir que es «solo cuestión de dinero». Se puede comprar con facilidad. Pero ¿qué me dicen de la inteligencia relacional? De la capacidad para empatizar, para hacer equipos eficaces, para conseguir la mejor y mayor energía de los colaboradores.

Liderar la energía disponible

Como explico en mi último libro, *Liderazgo por impulsión*, las personas y las organizaciones somos un conglomerado de energía disponible que cuando se activa es capaz de conseguir los mayores logros y alcanzar las mayores metas. Los empresarios y los emprendedores saben muy bien que un proyecto necesita capital económico, conocimiento y energía. Están hartos de comprobar que, si existe entusiasmo, las finanzas y el conocimiento acabarán por conseguirse. Pero si tan solo se dispone de dinero e incluso conocimiento, pero no existe energía activa, el proyecto nunca saldrá a flote.

Cualquier actividad de éxito requiere ilusión y dedicación. Esa energía se encuentra en el interior de las personas. Y si no la conseguimos activar se convertirá en desperdicio energético.

¿Hay por tanto personas que son capaces de contagiar su convicción y extraer lo mejor de los demás? Sí.

¿Es esa una habilidad de alto valor? Sí.

¿Hay organizaciones o sociedades que desarrollan comportamientos habituales que promueven y estimulan la creatividad, el emprendimiento y la actividad energética de alto valor? Sí.

A lo largo de años de llevar a cabo puestos de alta dirección en grandes corporaciones y ejercitar la profesión de asesor y observador de procesos inter-relacionales complejos, me he dado cuenta de que el «estado de predisposición» es clave a la hora de facilitar la promoción y desarrollo de ideas y proyectos.

La predisposición es algo así como el «caldo de cultivo» o «sustrato relacional» que soporta las relaciones y las hace germinar o, en su caso, marchitarse.

Hay sociedades proclives y animosas a que sus miembros se desarrollen. Que tienden a actuar de forma proactiva y favorecedora de nuevas iniciativas. Son estimulantes mientras que otras son inhibidoras o incluso destructoras. E igual sucede con las personas. Hay quienes tienen la habilidad de extraer lo mejor de los demás y construir círculos de calidad relacional enormemente productivos.

El cerebro entérico

El «ombligo» es el lugar que físicamente señalamos cuando percibidos «empatía o desempatía» con otras personas. Es el «impacto estomacal». Según los estudios del doctor Gherson de la Universidad de Columbia, en nuestro intestino existen cien millones de neuronas similares a las que se encuentran en nuestro cerebro y a lo largo de la columna (otras fuentes indican que son 500 millones). Y es precisamente en ese lugar, tan referido en la tradicional medicina oriental, donde se genera el noventa por ciento de la serotonina u hormona de la felicidad.

Comentemos algunos datos que nos son conocidos sobre estos temas; empecemos por hablar de las relaciones entre nuestro cerebro olvidado y nuestro cerebro racional.

Sabemos, y todos tenemos vivencias evidentes al respecto, que cuando sufrimos alguna alteración digestiva nuestras capacidades se ven afectadas y seriamente reducidas. Y sabemos también que cuando nuestro cerebro racional se siente sometido a alta tensión o recibe una desagradable o mala noticia, nuestro sistema digestivo se altera y manda signos de alerta. Pero ¿qué más conocimientos nos aporta la ciencia?

El concepto vigente hasta hace poco era que el cerebro superior predominaba e influía de forma unidireccional en el sistema digestivo. El proceso se dirigía desde el cerebro hacia la periferia. No obstante, las observaciones científicas del Dr. Gershon nos permiten en la actualidad considerar que existe un proceso de influencia en ambos sentidos; una comunicación continua entre los dos cerebros: el que se encuentra en el cráneo y el otro, hermano suyo, que reside en las tripas.

Existe por lo tanto una doble vía de circulación de comunicación: una entre nuestro cerebro racional y nuestro aparato digestivo y otra entre este y nuestro cerebro racional. Ahora bien, ¿cómo es esa línea de «comunicación física»?

En sus estudios científicos, Gershon reveló que el 90 por ciento de la serotonina (la famosa hormona de la felicidad y del bienestar corporal) se produce y se almacena en el intestino. Allí regula los movimientos peristálticos y la transmisión sensorial. Y solamente el 10 por ciento restante de la serotonina del cuerpo se sintetiza en las neuronas del sistema nervioso central, es decir en el cerebro superior.

Esta cantidad mínima de serotonina cerebral tiene una importancia vital para el ser humano pues cumple diversas funciones, tales como la regulación del estado de ánimo (la sensación de calma y bienestar), el apetito, el sueño, la contracción muscular, e interviene en funciones cognitivas como la memoria y el aprendizaje. La serotonina es «un mensajero de felicidad» gracias al cual las neuronas pueden comunicarse, liberándola y volviéndola a captar según las necesidades.

Existe por lo tanto un «cerebro entérico» en el que se concentran ciertos impulsos. Para su estudio ha surgido una nueva especialidad científica: la neurogastroenterología. Los animales también lo tienen y lo usan, pues ellos no han desarrollado el cerebro superior. Eso explica esos comportamientos «especiales» mediante los que nos demuestran «intuir o barruntar» ciertas situaciones o acontecimientos que luego suceden. Nosotros lo «tenemos, pero no lo usamos», o no somos conscientes de que lo tenemos y podemos disponer de sus habilidades. Nos hemos concentrado demasiado en el poder de la inteligencia racional y consecuentemente hemos abandonado las posibilidades y el inmenso poder que existe en la inteligencia olvidada.

¿Un poder emergente?

Predisposición e inteligencia olvidada no son elementos ajenos sino más bien sustanciales en el rendimiento relacional y afectan a todo tipo de situaciones desde las más intrascendentes hasta las más complejas como confrontaciones, negociaciones, conflictos, etc.

No todo está claro. Yo escribo desde la perspectiva de mi experiencia en la gestión de equipos de personas y organizaciones y como observador; los investigadores desde su visión científica tienen que verificar y comprobar con pruebas los indicios que puedan tener. Un indicio para un científico no es más que una línea de investigación. Lógicamente y para tener las máximas garantías los procesos científicos han de basarse en el principio de que «todo lo que no está probado no existe». Aún quedan muchas preguntas sin respuesta que la ciencia terminará aclarando, como por ejemplo, cuáles son los procesos físicos de comunicación entre ambos cerebros. ¿En qué «idioma» y con qué «códigos» se «hablan»?

Existen muchas preguntas interesantísimas y no todas tienen una respuesta clara, al menos por el momento.

Los que nos dedicamos a la profesión de practicar el arte de dirigir, no podemos, sin embargo, basarnos en procesos científicos. Tenemos que tomar decisiones para transformar situaciones y modificar comportamientos. Eso hace que nos basemos a veces en modelos racionales y otras en intuitivos cuya evidencia es casi indemostrable pero cuya eficacia en ocasiones viene a ser mucho mayor que la sustentada en el razonamiento. Si algo, esté científicamente explicado o no, nos funciona, nosotros lo utilizamos. Somos usuarios y manejamos la maquinaria a nuestra disposición, no ingenieros que la entienden, comprenden, reparan y hasta crean.

Por consiguiente y desde el punto de vista del *management* eficaz para la persuasión o el liderazgo, me hago las preguntas siguientes:

¿Podemos desde nuestro cerebro racional mandar mensajes positivos a nuestro cerebro digestivo oculto para que sea más proactivo y esté más predispuesto a recoger los impactos de otros ombligos? Es decir, ¿podemos lanzar estímulos desde el cerebro superior al ombligo digestivo para hacerlo mejor persuasor? Mi respuesta es ¡sí! Mediante la toma de conciencia, la reflexión y el autodominio podemos «adiestrar» y hacer más eficaz a nuestro segundo cerebro.

Mi teoría es que el ombligo tiene tanto «poder receptivo-conectivo» que puede llegar a dominar tus comportamientos; es decir, o lo dominas o te domina. Si le dejas que sea él quien domine puedes encontrarte al albur de sus «caprichos» o impulsos, lo cual es enormemente arriesgado. La otra opción es, sabiendo de su «caprichosa existencia», poner en marcha el poder racional para que lo controle, encauce y consiga el mayor aprovechamiento de esa inteligencia olvidada.

¿Podemos, cuidando nuestro cerebro digestivo oculto, conseguir un cerebro racional más abierto, rápido, predispuesto y, en definitiva, con más rendimiento inteligente? O, dicho de otro modo, ¿podemos «generar y enviar estímulos positivos del ombligo digestivo al cerebro racional para construir nuestro mejor yo más poderoso?» Algunos de los médicos y científicos a los que he consultado me han respondido que evidentemente un aparato digestivo sano favorece el estado de mente despierta.

Y todos hemos experimentado la relación existe entre la salud y el talento relacional. (De todos son conocidas las vulgarmente llamadas «malas pulgas» de las personas que sufren úlcera de estómago).

En los principios del desarrollo de la corteza cerebral, la actividad mental de nuestros ancestros era básica y se guiaba más bien por los instintos y las intuiciones. Es decir, nuestros parientes lejanos escuchaban bastante a sus tripas y actuaban según las señales que sus cerebros intestinales les enviaban. De hecho, para los animales, la voz del cerebro entérico sigue siendo un factor de información y comunicación predominante. Frecuentemente nos asombra la intuición tan certera de los perros, caballos, gatos, vacas, etc. Están atentos a lo auténtico, a las señales de sus tripas. Uno de mis buenos amigos que vivió en proximidad el último terremoto de alta intensidad que sufrió Chile, me explicaba como un par de horas antes sus gatos se mostraban especialmente extraños. Hacían cosas raras, estaban alerta e inquietos. Incluso se subían a los armarios en las posiciones más extrañas.

Sin embargo, nosotros, los seres superiores, nos separamos del mundo animal (no del todo) y hemos suprimido esa capacidad intuitiva de nuestras «entrañas», ya que la voz todopoderosa de la mente y de la conciencia nos guían constantemente.

La gran cuestión es: ¿existe en nuestro ombligo un elemento de captación de la comunicación exterior procedente bien del entorno o de otros ombligos? ¿O quizá un traductor de lo que captan los sentidos y que se gestiona en el cerebro intestinal?

Mi experiencia profesional y observadora es que ese mecanismo o habilidad existe y se encuentra disponible, aunque esté inexplicada. Captamos emisiones de otros y nosotros somos también emisores. Por tanto podemos y debemos entrenar nuestro sistema «radiotransmisor» para conseguir de él un mayor rendimiento y convertirle en un generador de proactividad.

No me consta que esté probado científicamente ese funcionamiento. Pero tampoco se había probado la existencia de la luz eléctrica cuando Thomas Alva Edison ya creía en su ella. Personajes emblemáticos como Gandhi, Martin Luther King o Mandela, a los que aludo en mi libro *Liderazgo por impulsión. Conquistadores de ombligos*, manejaban, conscientemente o no, estas herramientas. En otras palabras y a modo de resumen: la inteligencia olvidada está disponible. Quien consiga incorporar a sus habilidades la de gestionar inteligentemente la inteligencia oculta en el ombligo puede llegar a tener un poder persuasivo inmenso.

Los campos de análisis e impacto de todo este conjunto, aún muy desconocido, son inmensos y sugieren preguntas interesantísimas. Por ejemplo: ¿podríamos decir que alguien que se especialice en el control y autogestión de su «cerebro digestivo» podría activar la «inteligencia olvidada» de sus interlocutores creando en ellos «percepciones y predisposiciones positivas»?

¿Qué influencia tienen sobre el cerebro racional de terceros?

De ser así esa persona obtendría una gran capacidad de incidir en las decisiones de otras personas, lo cual abre las puertas a un poder inmensamente sutil y por consiguiente poderoso.

El liderazgo por impulsión incide en las herramientas y habilidades para activar la energía positiva y proactiva de las personas.

Sin duda el desarrollo del talento relacional potencial es el mayor reto que existe en el siglo XXI.

Capítulo 3. Una dirección con sentido

Dirigir no es algo banal sino una profesión desde la que se pueden hacer grandes contribuciones positivas o grandes daños a la sociedad. Por eso los directivos debemos tener una especial sensibilidad hacia las personas y conocer la trascendencia de nuestra tarea. Dirigir es mucho más que obtener beneficios. Es saber generar riqueza y desarrollo que puedan universalizarse para las personas: empleados, proveedores, clientes, accionistas y la sociedad en general.

La cuestión económica tiene fundamento solo cuando está enfocada hacia las personas. Una economía sin beneficios para los círculos sociales del entorno en que se desarrolla es un «sinsentido».

Las organizaciones en general y las empresas en particular son el entramado relacional y social más eficaz que los seres humanos hemos inventado. Prescindir de su responsabilidad a la hora de medir su aportación social es quitar sentido a su existencia.

En varias ocasiones, ya durante mi vida como mentor independiente, me han propuesto incorporarme a la dirección de algún gran proyecto. No acepté en ninguno de los casos. La verdad es que ninguna de aquellas ofertas me ha interesado lo suficiente como para perder mi libertad. Aquel tiempo ya pasó. Quizá si me hubiera decidido por formar parte de alguno de ellos no tendría hoy el tiempo de reflexión para pensar como pienso y actuar como actúo.

Para los directivos la economía debe entenderse como una consecuencia de su función principal, que es crear organizaciones solventes.

Mi último negocio, al que me dedico, me ha proporcionado una vida muy confortable e interesante con variadas relaciones internacionales, un sorprendente prestigio inmerecido y sobre todo la posibilidad de ayudar a personas y organizaciones a ser más completas y mejores. Soy simplemente un asesor dispuesto a ayudar a quienes tenían voluntad por crear progreso. Inspirar a las personas para que aspiren hacia algo mejor es mi misión. Y además una vida bohemia que encaja perfectamente con lo más profundo de mi carácter.

Algunas de las corporaciones que se empeñaron en que trabajara para ellas fueron persistentes en su oferta y a cada negativa reaccionaban con más tentadoras propuestas de remuneración. Cuanto más me ofrecían menos demostraban conocerme y más se alejaban nuestros intereses, porque mi motor interno más poderosos no es la economía sino un proyecto capaz de entusiasmarme.

En ocasiones muchas de las preguntas que les hacía me las respondían tan solo haciendo ostentación del poder corporativo y de los ambiciosos proyectos económicos futuros con sus ingentes márgenes de beneficio; pero cuando les preguntaba por las personas sus respuestas se difuminaban demostrando una profunda neblina en el horizonte. Y cuando les ofrecía remodelar el proceso jerárquico directivo y transformar el estilo de gestión «de abajo arriba», me miraban incrédulos. Entendían la disrupción en lo tangible pero no en la fuerza de lo inmaterial cuando ese es el gran proyecto para el futuro. Y eso debilitaba más y más mi entusiasmo.

La cuestión es que no es lo mismo poner el motor de la fuerza empresarial en «hacer las cosas bien» que en simplemente «conseguir beneficio como sea». Lo primero hace empresa y da solvencia, lo segundo es solo un «negociete».

Francamente no sé cómo se puede estimular lo mejor de personas inteligentes simplemente a base de elevar su ambición. Porque esa precisamente es la mayor de las cadenas con las que una persona puede atar su vida.

Los nuevos directivos tienen que aprender a pensar de modo diferente porque las personas y las empresas han cambiado. Muchos pensábamos que con la llegada de la sociedad de la opulencia las opciones para las personas se multiplicarían, y sin embargo, ha sucedido algo muy diferente ante la cual que los dirigentes no debemos estar pasivos. ¡Algo estamos haciendo muy mal para que eso ocurra! La riqueza es mucho más que el simple beneficio. Durante las últimas décadas muchas empresas han obtenido año tras año beneficios récord y sin embargo en su gran mayoría no son mejores empresas.

El mundo acaba progresando siempre y la velocidad de ese desarrollo depende en gran parte de la calidad de sus dirigentes. La diferencia que caracteriza el carácter directivo es que está diseñado para llevar a cabo transformaciones. El mundo no puede mejorar para nuestros hijos si no colaboramos todos mediante un cambio profundo de actitudes. Pero los dirigentes tenemos además la responsabilidad y la fuerza movilizadora. La ejemplaridad es nuestro más poderoso discurso porque no solo conversa con el cerebro racional sino que llega a los sentimientos y pone en marcha la energía social. Porque las personas quieren trabajar por algo que merezca la pena.

Aspirar a un mundo mejor no puede quedarse en un enunciado etéreo. Esa aspiración requiere ideas, esfuerzo y un cambio de actitud en cada uno de nosotros. Porque dirigir es construir y los directivos no deben permitirse ni ceder ante la laxitud de conciencia ni trabajar al margen de los valores. No se puede mirar hacia otro lado que no sea un horizonte azul para la Humanidad.

Desde niño soñaba con un trabajo apasionante que me permitiera desarrollar mi creatividad y me diera libertad. Lo encontré gracias a muchas personas que creyeron en mí y me dieron oportunidades. Porque muy pocas cosas hay más apasionantes que adentrarse en el corazón de las organizaciones y descubrir los misterios y triquiñuelas de su funcionamiento y activación.

Hoy tengo el privilegio de escoger. Solo trabajo como mentor inspiracional para aquellas corporaciones, instituciones o proyectos que considero que merecen la pena por su trato e impacto positivo en las personas. Tengo claro aquello en lo que puedo y quiero contribuir. Y también a quién no estoy dispuesto a aportar estas herramientas.

Me sorprendo de mi éxito porque siempre he pensado que si mis consejos pueden resultar útiles a directivos y organizaciones es porque la Humanidad debe estar muy mal.

Por mi parte he cometido muchos errores en la vida. No se nace «sabido», sino que se aprende a dirigir. Y para mí lo importante es saber generar riqueza y felicidad para las personas.

Cuando alguien ya en su última madurez escribe un libro como este no puede evitar que esas líneas formen parte de su legado. Aquí queda mi trayectoria desde la posición de directivo de dinosaurios hasta la de pulga libre.

Agradecimientos

Tengo mucho que agradecerle a la vida y sería innumerable la lista de buenas personas que me he encontrado en el camino pero quiero hacer en este libro quiero hacer unas menciones especiales .

Ha habido dos personas que han resultado clave en mi vida. Su aparición y comportamiento conmigo supusieron hitos que me dieron un nuevo rumbo y me ayudaron en mi desarrollo. Hago referencia a ellos en los relatos de estas páginas pero siento que debo dedicarles un espacio especial. El primero es Enrique Revuelta, profesor de mi colegio que en tercero de bachillerato, cuando me encontraba en plena crisis personal supo devolverme la autoestima que había perdido. El segundo, Eustasio Rodríguez, hombre de admirable cultura y prestigio que me dio la oportunidad de saltar al sector asegurador en una posición directiva, lo que me permitió iniciar una vida en el mundo corporativo.

También debo recordar a Eduardo Boix, quien me entregó su confianza y apostó por mí como Director General cuando solo contaba con 36 años. A todos ellos debo un profundo reconocimiento.

Este libro ve la luz gracias a que mi buen amigo Francisco de la Vega, leyó mi manuscrito cuando estaba en borrador y, no solo me animó a publicarlo, sino que nos puso en contacto a la editorial Kolima y a mí. Gracias, Paco.

Igualmente mi agradecimiento a Lucio Rubio por su afectuoso e inmerecido prólogo. Lo valoro especialmente al ser un hombre que ha dejado una impronta de admirable liderazgo en Emgesa, la compañía del grupo Enel Endesa en

Colombia. Sus equipos son entusiastas sin duda alguna gracias a su contribución y estilo.

Y finalmente mi admiración por la Editorial Kolima. Marta Prieto Asirón y su equipo son un borbotón de ilusión, dedicación y creatividad. Trabajan de forma absolutamente personalizada e imaginativa. Ha sido un placer trabajar con todos sus colaboradores. Mi más sincera enhorabuena y reconocimiento.

Bibliografía de cabecera y cine

Dirigir no es solo una profesión de acción; requiere una orientación y un sentido. Porque quien emprende o dirige hace mucho más que un negocio: construye una obra, algo que llevará su huella y cuya aspiración debe ser permanecer en la posteridad.

Es bueno que quien dirija reflexione para encontrar lo mejor que hay en su interior y algunos buenos libros de cabecera le pueden ayudar a ampliar la perspectiva de su trabajo. Hay muchas formas de emprender y muchos tipos de proyectos de los que aprender. Ser directivo implica caminar con los ojos abiertos, ansioso por conocer la evolución de la humanidad, más allá de los círculos de proximidad que tienden a envolvernos en el raquitismo.

Las decisiones trascienden e impactan en las personas; por eso dirigir es un honor que conlleva una responsabilidad social inexcusable. Hay que tener una dosis de rebeldía inteligente ante los torbellinos de riesgos y transformarlos en oportunidades de valor. La economía no puede ser el único eje.

- *Reglas y consejos sobre investigación científica.* SANTIAGO RAMÓN Y CAJAL

- *Barreiros el motor de España.* HUGH THOMAS

- *El factor humano.* J. CARLIN

- *Mi juventud.* W. CHURCHILL

- *Vida de Gregorio Marañón.* M. GÓMEZ SANTOS

- *Martin Luther King. La vida por un sueño.* M.J. Rodriguez Illán

- *Gandhi: su vida y su mensaje a la humanidad.* L. Fisher

- *El largo camino hacia la libertad.* N. Mandela

- *Tiempos modernos.* Paul Johnson

- *El choque de civilizaciones.* Samuel P. Huntington

- *Las empresas sociales.* Muhammad Yunus

- *La estetización del mundo.* Gilles Lipovetsky y Jean Serroy

- *El elefante y la pulga.* Charles Handy

- *Start up nation.* Dan Senor y Saul Singer

- *El fin del poder.* Moisés Naim

- *Por qué fracasan los países.* Daron Acemoglu y Hames A. Robinson

- *El mundo de ayer.* Stefan Zweig

- *Walt Disney.* Neal Gabler

- *La vie intense. Une obsession moderne.* Tristán García

- *Le dérèglement du monde.* Amin Maalouf

- *Sapiens.* Yumal Noha Harari

- *Atrapados.* Nicholas Carr

- *Liderazgo por impulsión.* Julián Gutiérrez

- *Atrapados por el futuro.* Julián Gutiérrez

Films sugeridos

- *Inside Job,* Charles Ferguson

- *El Capital,* Coste Gavras

- *Los últimos días de Lehman Brothers,* Michael Samuels

- *Ciudades textiles en la sombra de la contaminación.* Documental Greenpeace España